LE MAÎTRE
DES PAONS

JEAN-PIERRE MILOVANOFF

LE MAÎTRE
DES PAONS

ÉDITIONS JULLIARD

*On peut dire que ceux dont l'amour
a causé la déchéance n'ont plus honte
devant les autres.*

Saikaku

Peut-être se trouve-t-il dans l'univers, sur une planète ignorée mais visible à certaines heures, un miroir qui reflète le paradis où nous serons à la fin des temps, quand le souvenir de nos peurs et de nos mensonges se sera effacé comme une buée, nous laissant enfin découvrir, dans un lointain devenu notre perfection, l'innocence de tout désir. Ce miroitement prometteur (ou fallacieux, comme on voudra), quelques contes de notre enfance nous l'ont fait voir, quelques rêves nous y ramènent, mais aussi certaines rencontres sur lesquelles par discrétion il nous plaît de faire silence, et l'art aussi bien qui n'est qu'une invitation au silence dans sa quête de l'unité à travers la fragmentation. Alors ce qui n'était qu'ébauches, esquisses, ratés, grains épars et coquelicots apparaîtra comme le premier jet d'une création débordante, la secousse toute personnelle que nos mains, nos petites mains malhabiles, sans savoir ce qu'elles faisaient, ont donnée au tamis universel à travers lequel le temps, la poussière et les dieux, pêle-mêle, passent. Ainsi, pendant quelques années, quelques décennies tout au plus, aurons-nous tenté de saisir l'illimité, comme le voyageur, à la fenêtre du wagon, voit l'étendue qui se dérobe.

Autant le dire tout de suite : ces visions que je place en ouverture de mon récit comme on accroche des lampions à la porte d'un mauvais lieu ne m'ont pas été accordées, et cela vaut mieux, j'imagine. Je ne fais que reprendre ici les pensées d'un illusionniste de mes amis qui disait (sans peut-être y croire lui-même) que l'Éden n'était pas fermé pour toujours, mais qu'il se trouvait dispersé au milieu des choses, et qu'une des tâches de l'artiste consistait à le rendre visible à tous. Je crains que mon ami n'ait sacrifié l'amitié, l'amour, le bonheur et beaucoup de joies à la vanité de cette recherche. Cependant je ne le condamnerai pas. Après tout, s'il fut incapable de se hisser au rang de voyant, ce que peu d'hommes dans l'histoire auront réussi, du moins, par son exigence insensée, devint-il un maître dans l'illusion et le seul dont je me souvienne sans déplaisir.

À ce propos, j'ai observé au cours des cinquante premières années de ma vie, une vie qui m'échappe de plus en plus, que chacun entretient avec sa mémoire une relation personnelle, unique, sauvage, inavouable assez souvent, comme avec son corps, sa langue, ses humeurs et l'ensemble de l'univers. Veuve maussade ou maîtresse voluptueuse, grande sœur ou petite fée, mais toujours orpheline des paradis, la gardienne de nos regrets n'a rien d'une trésorière ou d'une archiviste modèle, c'est la princesse aux petits pois qui n'arrive pas à dormir sur le matelas des années, et *qui se retourne sans cesse pour calmer d'obscures douleurs. Que, si vite, l'enfant gâtée soit devenue (pour moi) une vieille fille, j'en ai la preuve quand je recense ses manies, ses phobies, ses tics, ses coquetteries : promenades toujours les mêmes dans des paysages que le temps dévore en silence, courses dans la nuit, baisers perdus, rendez-vous avec des personnes suspectes dont on ne sait plus si elles sont de ce côté-ci ou de l'autre de l'existence, balayage de quelques tombes mystérieuses.*

Ah ! qui dénoncera le mal que nous fait la mémoire ? À l'instant je la comparais à une princesse insomniaque, mais je croirais plutôt qu'elle est l'animal dont on a voulu se défaire et qui revient rôder dans la pénombre. Qui ne voit qu'elle se dilate ou se rétrécit selon les heures comme l'œil oblique du chat qui passe de l'appartement au jardin sans faire de bruit ? Même si la bête se laisse caresser à l'occasion avec des ronronnements de plaisir, même si, dans sa curiosité et sa haine de l'inconnu, elle regarde autour de soi avec précaution et ne progresse qu'à l'intérieur d'un territoire délimité, elle n'a d'égards pour personne et peut déchiqueter en un éclair le paravent que nous dressons chaque matin comme un trompe-l'œil entre elle et nous.

---

* Mes remerciements à Mlle Jeanne-Thérèse Levignal à qui j'ai dicté ces pages presque tous les après-midi, du 9 décembre 1996 au 2 mai 1997.

EN DISGRÂCE

Au début des années soixante, j'ai connu dans le sud de la France un homme qui peignait des paons. Rien que des paons. Quand on lui demandait pourquoi il ne changeait pas de motif, il disait que le corps des jeunes filles offre moins de diversité que le paon qui fait la roue. Je ne sais si cet argument est recevable ou si le peintre, irrité par une question qui revenait continuellement, s'en débarrassait par une pirouette. Ce qui est sûr, c'est que rien ne l'intéressa davantage que de rivaliser, pinceaux en main, avec le chatoiement insensé de la Création. Savoir s'il réussit ou non n'est pas mon affaire. Certains diront qu'un tel homme devait être fou ou obsédé, c'est inévitable, on ne peut pas empêcher les étourdis de porter des jugements. D'autres, avec plus de bienveillance, penseront qu'il n'est rien d'insignifiant dans l'univers et que rendre compte d'un seul détail est déjà une tâche démesurée. Quoi qu'il en soit, jusqu'à un âge relativement avancé, l'artiste poursuivit son entreprise dans la plus grande solitude. Ainsi porta-t-il l'art de peindre

les paons à un degré de perfection qui n'avait pas
été atteint avant lui. Maintenant qu'il est mort,
on dit qu'il a été le premier peintre de paons au
monde et on lui prépare une place dans les
musées. On l'appelle le Maître des paons.

Depuis quelques mois, je pense souvent à cet
homme prisonnier d'une longue fascination. Ce
n'est pas que je lui ressemble. Je ne sais ni
peindre ni observer. Et si, par extraordinaire,
quelque paon échappé d'un jardin d'acclimata-
tion venait déployer ses couleurs devant mon
fauteuil, dans la demi-cécité où je me trouve à la
suite d'une opération qui n'a pas trop bien réussi,
je ne le distinguerais pas du papier peint, à moins
qu'il ne poussât son cri horrible. Mais les paons
ne crient pas en hiver, comme chacun sait.

Alors, me demandera-t-on, pourquoi parler de
ce peintre répétitif si tout m'en éloigne ? J'allé-
guerai l'oisiveté que me procure mon handicap,
et le loisir que j'ai de me remémorer certains
jours de ma jeunesse qui se consumèrent dans
l'entourage de l'artiste. Je dois prévenir néanmoins qu'en brassant le vrai et le faux dans les
cuves du souvenir, il m'arrivera quelquefois
d'obtenir par fermentation des teintes nouvelles,
car il n'est pas toujours facile de séparer ce qu'on
a vécu pour de bon de ce qui a failli se produire.
Mais n'ai-je pas le droit, comme chacun, d'ajouter aux événements qui composent mon existence les heures insouciantes que le temps n'a
fixées nulle part et que le vent du sud me rapporte certains matins comme une rumeur ?

En 1963, à dix-huit ans, sans vocation particulière pour les études, je m'étais inscrit comme auditeur libre à la faculté des lettres de Montpellier pour suivre les cours d'archéologie assyrienne du professeur Pontécordo, un cousin par alliance de ma famille, que nous n'avions jamais fréquenté. À l'époque, le professeur n'était pas aussi tristement célèbre qu'il le devint quand éclata le scandale des fausses tablettes de Babylone, mais déjà ses travaux sur la langue des Sumériens commençaient de faire autorité et il jouissait d'un grand prestige auprès des étudiants, médusés par son insupportable érudition qui écrasait toute fleur nouvelle sur son passage autant que par le style théâtral de ses causeries, appelées par lui des « enquêtes », en hommage abusif à Hérodote, le premier des historiens.

Ces prétendues enquêtes avaient lieu l'après-midi, dans un amphithéâtre aux rideaux clos, insuffisamment éclairé, sous prétexte que le professeur, comme moi aujourd'hui, souffrait d'une double cataracte et ne supportait pas l'excès de jour. En général, il se présentait avec un retard de dix minutes, toujours habillé de blanc des pieds à la tête et portant sous le bras une longue canne-gourdin qu'il abandonnait sur le bureau, à côté de la carafe d'eau fraîche que l'appariteur venait de poser. Avant même de s'asseoir et de boire quelques gorgées, tout en clignant ses petits yeux trop facilement éblouis, il lançait d'une voix aigre, à l'adresse des étudiants, quelque citation censée donner un éclairage significatif à la conférence qui allait suivre.

Je me souviens de la stupéfaction dans laquelle il plongea notre amphithéâtre surexcité quand, au début d'un exposé sur l'épopée de Gilgamesh, œuvre qu'il venait de traduire et qui remonte à plus de trente-cinq siècles, il chercha de son regard trouble une étudiante du premier rang dont les cheveux jaunes devaient, je suppose, se détacher de l'obscurité ambiante comme un lingot, et, s'adressant à elle exclusivement, susurra de sa voix de criquet, que nous savions tous imiter, cinq ou six vers d'un poème d'amour plus ancien que le Cantique des Cantiques :

> *De la jeune fille qui verse le vin,*
> *doux est le breuvage.*
> *Comme son breuvage,*
> *douce est sa vulve.*
> *Comme ses lèvres,*
> *douce est sa vulve.*

Ce fut un indescriptible chahut. Vociférations, sirènes, sifflets, bruits de clés et boucans divers, toute la panoplie des cris d'animaux répertoriés depuis Aristote fut convoquée pour un vacarme qui dépassa en décibels celui de l'arche de Noé, référence absolue dans ce domaine. Moi-même, qui n'ai jamais hurlé avec les loups, ni bêlé avec les moutons (c'est mon point fort), je ne pus m'empêcher d'y participer à ma manière en chantonnant pour le plaisir les premières mesures du *Wild Man Blues* de Louis Armstrong dans la version du Hot Seven. Je crois qu'il y a des heures dans la vie où il faut savoir opposer à tout ce qui arrive le murmure d'une musique.

Or, pendant que le raffut se renouvelait et s'amplifiait, l'étudiante qui en était bien involontairement l'origine se leva avec dignité, remit son manteau et se dirigea vers la sortie. À l'instant où elle passa près de moi, les joues en feu, je crus la voir essuyer une larme avec l'index. Aussitôt, sans qu'il y eût préméditation de ma part, je le jure sur la tête de mes sept chats, je quittai ma place d'un bond et courus rattraper l'aventure dans le grand hall.

– ... Mademoiselle !

– Pardon ?

Je ne suis pas près d'oublier, malgré les années, le visage impérieux que la jeune fille tourna vers moi et l'effort que dut accomplir mon cerveau, pris dans une banquise soudaine, pour rassembler quelques misérables paroles :

– Excusez-moi... Je voulais vous dire... Vous avez raison... Moi aussi, j'estime... C'est intolérable, à la fin...

À l'époque, cette précision ne paraîtra pas superflue, j'étais d'une timidité de lynx, animal que sa vue a rendu célèbre, mais qui craint à bon droit les hommes et qui les évite. Certes, comme tous ceux qui souffrent du même mal, et qui sont légion, j'usais de remèdes désespérés pour combattre la maladie : alcools divers, recherche vestimentaire, lunettes noires, et un lot presque inépuisable de plaisanteries à lancer en cas de détresse. Mais je dois avouer qu'en amour, par orgueil ou mauvaise honte, je n'avais encore jamais fait le premier pas, de peur qu'il n'y en eût pas d'autres. C'est dire que je n'étais pas un grand séducteur. Néanmoins, de cela je suis sûr comme de mon trouble, et la suite d'ailleurs le prouve, mon marmonnement fut bien reçu, puisqu'on m'adressa en retour un regard moins surpris que reconnaissant. Après quoi, m'ayant oublié, ma camarade s'accroupit avec une vivacité d'écuyère, dans un tournoiement de manteau et de longue jupe plissée qui se prolongea longtemps dans ma tête (plusieurs semaines); et elle se mit à donner de petites tapes au carrelage en m'interpellant :

– Surtout ne bougez pas. Restez où vous êtes. Vous la briseriez.

– Vous avez perdu votre montre ?

– Ma lentille de contact. Je la tenais au bout du doigt.

Je demeurai statue de sel quelques secondes tout en respirant les parfums de l'Arabie qui montaient de cette blondeur, puis, quand j'eus enfin compris la règle du jeu, je m'agenouillai à mon tour et cherchai, avec toute l'aveugle énergie dont je suis capable dans ces cas-là, le petit fragment transparent qui permettrait à la myope de considérer ma bizarre physionomie.

Cela dura dix bonnes minutes. Peut-être plus. Sans doute moins. Car le temps suspendu à ce bout de vitre égaré s'était arrêté pour moi seul et ne passait plus. Qui s'en serait plaint ? Pour ma part, j'aurais pu chercher un morceau de verre jusqu'à la tombée de la nuit, ayant aussi peu de projets pour le futur proche que pour le lointain avenir. Mais soudain l'horloge se remit en marche, le coucou déploya les ailes et l'enchantement se brisa :

– Je l'ai !

– Vous êtes sûre ?

– Évidemment.

On se releva. On s'épousseta. On regarda l'humble cristal dans un mouchoir. On se congratula. On fit quelques pas dans le hall. On commença de se dire au revoir, puis ce fut fini, on se l'était dit. Il restait à se séparer, encore dix pas, plus que sept, puis trois, puis zéro, et enfin le temps négatif. Mais voilà qu'à l'instant fatal je parvins à tirer une étincelle de mon cerveau comme le magicien en perdition se rattrape en extrayant de son faux col une cigarette allumée. Oh ! la lueur n'était pas grande ni très nouvelle : c'était une invitation à prendre un café dans un bar où j'avais mes habitudes.

Cette fois le lynx s'était surpassé et montrait le bout de l'oreille. Une audace inimaginable ! À noter sur un calepin. Ce qui fut fait. J'ai gardé le résumé de cette première rencontre dans mon agenda. Je l'ai sous les yeux, je n'arrive pas à le lire. Il me faudrait prendre une loupe. Mais à quoi bon ? Que pourraient m'apprendre ces lignes, que je n'aie déjà ressassé mille et une fois ? Qu'elle s'appelait Cynthia. Que nous avons bu du café et fumé des gauloises bleues jusqu'à la tombée de la nuit. Que j'ai sorti de mon chapeau, façon de parler, je ne sais combien d'histoires stupides, tellement j'étais exalté. Qu'à la fin je l'ai reconduite en voiture, etc. Voilà, j'ai retrouvé ma loupe dans le tiroir. Où en étais-je ? « Ramené Cynthia à Solignargues. Quinze kilomètres. Grande maison, genre mas [1]. Au portail, elle se retourne. Me fait signe de partir vite. »

---

1. Se prononce : mass.

Ainsi commença la première et la seule passion de ma vie – et, pour Cynthia, une histoire
sans conséquence, pleine de maladresse et de
fous rires, chatoyante comme les ocelles du paon,
où venaient scintiller et mourir, du matin au soir,
toutes les nuances du sentiment, à part l'amour.

Dès notre premier tête-à-tête, au cours de cet
après-midi sans précédent qui décida de ma
dévotion à Cynthia, je compris qu'elle s'ennuyait,
d'un ennui mêlé de tristesse, qui remontait à
l'enfance et qui l'attendait au matin de chaque
nouvelle journée comme l'ogre dans la clairière.
Or l'ennui, pour ce que j'en sais, est bien plus
qu'un désœuvrement. C'est un vide qui se répand
sur tout ce que l'on fait et qui se tapit dans
l'action pour l'annuler. Il ne s'oppose pas à
l'entrain ni à la gaieté. Au contraire, il en est la
poudre levante et la cendre qui se cache dans
l'étincelle. Si l'ennui est le plus abject, le plus
insidieux des sentiments, c'est qu'il les parasite
tous, à notre insu. Même dans les moments où on
ne l'a pas invité, il s'immisce dans la fête, premier arrivé, dernier parti, réclamant du champagne et ne ratant pas une valse.

Quitte à donner de moi une image bien peu
flatteuse, j'avoue que je fus assez fou ou assez
naïf pour penser que la tristesse de Cynthia était
ma chance, que j'avais là une occasion de montrer le petit talent que les grandes fées aux mains
vides m'ont accordé dès le berceau : celui de distraire les autres de leurs malheurs en faisant rire

des miens; et je m'accrochais à ce don avec confiance comme le naufragé à son radeau sans voir que j'allais couler avec lui. Car cette première rencontre, ces premiers moments, ces premiers mots, en me fixant dans le rôle du plaisantin, m'interdisaient d'aller plus loin et décidaient de nos relations pour toujours. On ne comprendrait pas que j'aie pu devenir en quelques semaines le confident et l'ami de Cynthia (non son amant), sans cette cruelle évidence : elle ne risquait rien avec moi. Situation qui me rappelle une épigramme de je ne sais quel poète latin, que j'avais traduite au lycée sans la comprendre, et dont j'aurais dû mieux profiter :

> *Malheureux, fuis Vénus*
> *qui ne t'aime pas !*

Eh bien, non, je ne fuyais pas. Bien au contraire. Je m'enfonçais dans le piège sans me débattre et j'admets que je fus le seul artisan de ma défaite. Dès le début, ma vie s'organisa autour des apparitions de Cynthia ou de ses absences. Tous les matins, pour lui éviter d'attendre le car sous la pluie, j'allais la chercher en voiture à Solignargues. Le soir, je la raccompagnais pour lui faire gagner du temps. Et je suis certain aujourd'hui, même si cette pensée me déchire, que nos allers et retours quotidiens, que plusieurs devaient m'envier, ne signifiaient qu'une chose. Je l'amusais. Je la faisais rire. Mes plaisanteries suspendaient sa mélancolie. Cela se voyait dans ses yeux qui changeaient en me regardant. Comme j'étais drôle, bon Dieu. Elle le

disait. Et le répétait. Et j'avais tendance à le
croire. À en faire trop. « Avec toi, on ne s'ennuie
pas, tu vois toujours le côté comique des
choses. » Quel compliment. Comme si cela pouvait m'avancer. Pauvre de moi.

Mon truc, c'était de prendre les devants sans
en avoir l'air. Je me moquais de moi avant
qu'elle n'eût le temps de le faire. J'affectais une
gaucherie de convention pour masquer la véritable que je ne pouvais maîtriser. Aller vite en
donnant l'impression d'être trop lent, cacher la
précision sous l'embarras, c'est le procédé des
vieux clowns. Ce fut le mien. Que n'aurais-je fait
pour que son regard triste et bleu s'arrêtât longuement sur moi sans chercher plus loin son
bonheur ?

Je me souviens d'un trajet en auto, un soir où
je la ramenais à Solignargues. C'était à la fin de
novembre. Le soleil se couchait derrière nous.
Dans le rétroviseur, j'assistai à son agonie rose et
rouge. Puis nous franchîmes le Vidourle, le petit
fleuve de l'enfance, et comme Cynthia se taisait
et que tout silence me pèse car j'y lis en creux un
reproche, je trouvai le moyen de la faire rire de
moi, à deux reprises, la seconde fois jusqu'aux
larmes. Quel pouvait être mon espoir ? ma stra-
tégie ? J'ose à peine en faire l'aveu. Qu'une fois
sa mélancolie dissipée, par reconnaissance peut-
être, ou par abandon, elle poserait le bras sur le
mien, m'obligeant à garer l'auto sous les arbres.
Je ne sais plus si ce fut ce soir-là, ou quelques
semaines plus tard, qu'une crevaison m'obligea à
changer de roue sur le bas-côté de la route à
l'entrée de Solignargues. À l'époque, il n'y avait

pas à cet endroit comme aujourd'hui un large rond-point de pelouse surmonté d'une sculpture en fer forgé que des projecteurs illuminent, et qui est (m'a-t-on dit) la fierté des Solignarguais, mais un double rang de platanes centenaires, dont les larges troncs peints à la chaux servaient de supports aux affiches municipales. Comme la nuit était venue et que la lueur lointaine des lampadaires ne franchissait pas le rideau d'arbres, j'opérai le changement de roues dans le noir, ce qui prit d'autant plus de temps que je n'avais pas l'habitude de tels travaux. Bref, on le comprendra aisément, quand j'eus fini, j'avais tant de cambouis sur le visage que Cynthia, au bord du fou rire, m'interdit de retourner à Montpellier avec ce masque sous peine d'alarmer les populations. Être pris pour un malfaiteur en cagoule, quand on a la peau un peu noire, n'est pas un phénomène rare, m'assura-t-elle.

Voilà comment, sous prétexte de me débarbouiller, j'entrai pour la première fois dans la grande maison dont j'appris le nom ce soir-là, le Mas des paons, un ensemble de bâtiments séparés par trois grandes cours, qu'il m'arrive encore, trente ans plus tard, de visiter dans des rêves labyrinthiques, où les morts et les vivants, que rien ne distingue, m'entraînent de pièce en pièce et me font découvrir par une fenêtre ouverte sur des prairies des images d'une vie que je n'ai pas eue et d'un passé qui n'a pas laissé de traces.

Aujourd'hui, sachant ce qu'il est advenu par la suite, je me demande s'il n'y a pas un symbole obscur mais puissant dans cette irruption d'un jeune homme fardé de noir, que le désir rend gauche et grotesque. Il me semble que les faunes, les démons, les serviteurs de Dionysos et le dieu lui-même, mais aussi les Parques parfois, et leurs messagers chargés des besognes sinistres, ou ces créatures affreuses qui, dans la religion étrusque, guettaient les jeunes gens pour les entraîner sous la terre, tous les êtres voués à l'ivresse des transgressions, au désordre, à la nuit et à la folie se plaisent à porter un masque quand ils agissent afin que la plus extrême terreur se dévoile dans l'allégresse. Certes, je n'avais aucune intention maléfique, mais le destin se préoccupe peu des intentions, et je ne saurais me défaire totalement de la pensée, peut-être superstitieuse, que les événements auxquels je fus mêlé plus tard, ou auxquels j'assistais avec impuissance, n'auraient pas pris un tour aussi tragique si je ne m'étais pas présenté au mas un soir d'octobre avec un masque de bouffon.

J'avais garé l'auto à l'extérieur de la propriété, sur un terre-plein. Cynthia poussa la grille du portail et la referma derrière nous à cause des chiens errants, me dit-elle. On entra dans une cour de terre battue, que je jugeai vaste car je n'en voyais pas les contours, et qui me parut fermée d'un côté par la façade d'une longue maison de maître et de l'autre par de hauts murs et de la végétation. Aucune lumière aux fenêtres de la bâtisse, ni ailleurs, excepté, loin devant nous, près du passage couvert qui conduisait à la deuxième cour et à d'autres bâtiments, la lueur blanche d'un abat-jour devant la maisonnette du gardien.

— Vous avez de l'eau, dit Cynthia en me désignant dans l'ombre une chose vague que je n'avais pas remarquée mais qui scintilla aussitôt.

Je m'avançai avec confiance et reconnus la silhouette de héron d'une pompe à bras, au-dessus d'un bassin de pierre. La nuit, maintenant que mes yeux s'y habituaient, n'était pas aussi impénétrable qu'il m'avait d'abord semblé, elle se livrait peu à peu et me laissait voir en partie son architecture silencieuse, composée de lentes épaves.

Je fis grincer le bras de fonte cinq ou six fois. L'eau jaillit en soufflant comme une couleuvre. Une grosse corde glaciale se brisa autour de mes mains et s'échevela dans mes pieds. Pur délice ! Je me penchai sur le bassin, le visage à l'horizontale, un bras posé sur le levier, comme je le faisais, enfant, au mazet de ma grand-mère où il y avait aussi un puits où l'on mettait le vin à rafraîchir. Ce geste familier, accompli sans tâtonnement, réveilla l'animal qui est au fond de moi depuis le berceau, la bête assoiffée de lune et d'eau froide, qui bondit dans ma poitrine au détour d'une sensation. L'eau fouetta mon visage maculé, roula dans ma gorge et sous ma chemise, et me ramena à la stricte réalité.

– Il vous faut du savon, n'est-ce pas ? dit Cynthia d'une voix égale où je crus percevoir une pointe de lassitude.

– Oh ! ce n'est pas la peine...

Sans tenir compte de ma réponse, elle partit vers la maison. En un instant, sa silhouette se désagrégea dans l'obscurité de la cour, et ce fut de nouveau le silence, la nuit, une sensation d'abandon qui ne m'était pas inconnue et qui me

plaisait. Je regardai autour de moi l'espace
immense déserté, presque lugubre, dont le
moindre recoin semblait envahi de mystères trop
grands pour mon peu de raison. Pour la première
fois, je remarquai, de l'autre côté du bassin, le
départ d'une haie de troènes assez large pour
constituer un massif. C'est de là que provenait,
depuis un moment, à hauteur d'homme, un
bruissement irrégulier comme d'un animal qui
ferait sa trouée en froissant les feuilles. Fouine ?
Martre ? Putois ? Je n'y croyais guère. Certainement pas un renard à cette hauteur. Alors un
rapace nocturne ? Petit duc, hulotte, chevêche ?
Mais ils sont beaucoup plus discrets quand ils
chassent.

J'en étais à me demander s'il n'y avait pas tout
simplement quelqu'un qui surveillait mes ablu-
tions, lorsqu'une petite voix chuchotante, si mal
assurée que je ne sursautai même pas, s'éleva du
feuillage noir :

— Vous êtes venu pour les paons ?

— Non.

— Pourquoi le nier ? Tout le monde ici vient
pour les paons.

— Je ne suis donc pas comme tout le monde.

— Vous savez que la nuit, il ne faut pas les
déranger. Ce sont des oiseaux de forêt. Ils sont
craintifs. J'ai vu un paon mourir de peur devant
un chien.

— Vous en avez combien au mas ?

— Vous voyez que vous êtes venu pour les
paons !

Depuis l'enfance, j'ai cette manie de prêter la
même attention aux voix qu'aux visages, car je

crois qu'on en apprend toujours beaucoup plus sur les sentiments vrais des personnes en les écoutant les yeux clos qu'en les observant. Cette fois, je crus percevoir dans la plainte de l'inconnu une curiosité candide à l'égard de toute personne nouvelle surgissant dans son territoire. Mon intuition n'était pas fausse, comme on le verra. Mais je me trompais en en déduisant que j'avais affaire à un enfant. Lorsque les branchages s'écartèrent, je fus en présence d'un jeune homme en veste de chasse, qui me dépassait d'une tête.

– Ma sœur est complètement folle, dit-il.

– Première nouvelle.

– Elle n'aurait jamais dû vous faire entrer.

– Pourquoi cela ?

– Vous ne partirez plus.

C'était une phrase étrange, chuchotée avec une conviction gémissante, sur un ton plaintif, sans aucune agressivité. Je me sentis gagné par la nervosité que provoquait mon intrusion. Pour y mettre fin, je demandai au jeune homme, assez durement, si ma présence le dérangeait.

– Mon père n'aime pas les visiteurs. Il dit que les paons ne sont jamais tranquilles quand il y en a.

– Dans un quart d'heure, je serai loin.

– Vous reviendrez.

Nous en étions là de cette conversation, si c'en était une, quand Cynthia réapparut. Elle m'apportait du savon noir et une serviette. Je devins, le temps d'une présentation, un camarade de faculté passionné d'archéologie, tandis que le jeune homme en longue veste, sous le nom

d'Ugo – sans H, précisa-t-il – entra officiellement
dans ma vie avec le titre de frère jumeau de
Cynthia.

Voilà. Je n'ai rien de plus à dire sur la suite de
la soirée. Elle fut brève, quelconque, et d'ailleurs
je l'ai oubliée. La seule image un peu précise
qu'il m'en reste est celle de ma déception quand
Cynthia laissa Ugo me raccompagner, au lieu de
venir elle-même jusqu'à ma voiture. Quand je fus
assis au volant, le jeune homme me glissa frater-
nellement à l'oreille :

– Vous savez qu'elle va se marier ?
– Nnnn... on.
– Il est bon que vous le sachiez.
– Cccc... ertainement.

Le moteur tournait au ralenti depuis un
moment et j'attendais pour m'éloigner que l'idiot
voulût bien lâcher la portière. Mais les clignote-
ments du tableau de bord l'intriguaient et il
n'avait pas encore tout dit.

– Papa le déteste.
– Qui ?
– Le fiancé.
– Qu'est-ce que j'y peux ?

Je me mis à rouler lentement sur le terre-plein
avec ce type qui courait à côté de l'auto et ne
voulait pas décrocher :

– Vous reviendrez ! Je suis sûr que vous
reviendrez !

Aux innocents les mains pleines. À ceux qui
chuchotent dans les ténèbres, le don de lire dans
le futur ! Ugo savait peu de choses du monde et

en comprenait moins encore. Aux yeux des gens
normaux – une vieille caste introuvable à
laquelle je me flattais alors d'appartenir et d'où
j'ai été exclu par la suite ignominieusement – le
jeune homme n'était rien d'autre qu'un demeuré,
dépourvu d'intelligence. C'est bien possible.
Mais il ne s'était pas trompé sur moi : du jour où
je poussai la grille du Mas des paons, je fus pos-
sédé par le désir d'y revenir et j'y revins effectivement, non pas une fois, par raccroc, mais
souvent, et bientôt, presque tous les jours.

En fait, pour moi, à partir de cette première
soirée, rien ne devait être pareil. Jusque-là, le
peu que je connaissais de Cynthia, je l'avais
appris de sa bouche ou l'avais lu dans son regard.
Même ses réticences quelquefois m'avaient
éclairé. Maintenant j'avais obtenu un peu plus.
En m'ouvrant de nuit, sans parler, comme on
tirerait les rideaux d'un théâtre d'enchantements,
le portail de la vieille propriété où s'étaient
jouées les premières scènes de son enfance, Cynthia m'invitait à découvrir le côté sombre de sa
vie dont elle n'avait encore parlé à personne. Là
s'étaient déroulés des événements dont les suites
se faisaient sentir dans le présent. Qui sait s'ils
n'étaient pas à l'origine de la confiance paisible
qu'elle m'accordait à certaines heures et que
j'espérais convertir un jour en sentiments
tendres ? À moins qu'ils ne fussent la cause, tout
au contraire, d'un interdit que le temps allait
rendre définitif, en déposant dans l'invisible,
entre nos corps tourmentés, l'épée qui sépare
Iseult de Tristan ?

Une chose au moins était sûre : elle livrait à

ma patience d'archéologue (soi-disant) les tablettes de son passé. Plutôt bon signe. Pourquoi m'avait-elle choisi pour les déchiffrer? Quelle était au juste son intention? Attendait-elle que je recompose le puzzle à partir de quelques trouvailles? Mais ce que le temps a brisé ne doit-il pas rester épars, à tout jamais?

Je suis convaincu aujourd'hui que je me trompais. Que le jeu était faussé depuis le début et que Cynthia ne pouvait livrer ses secrets qu'à la condition de ne pas se livrer elle-même. La suite de cette aventure, et quelques autres que je ne relaterai pas dans ce livre, me portent à croire qu'il existe des âmes trop vulnérables chez qui la confidence tue l'amour, et inversement. Mais voilà, j'étais ignorant de ces choses. J'avais dix-huit ans, il me semble l'avoir déjà dit. Et pour rien au monde je n'aurais refusé d'entrer dans la cour chaque fois que j'y étais invité, privilège qui me devint si vite nécessaire qu'un soir d'octobre où, sous prétexte d'une migraine, Cynthia se contenta d'un bref au revoir dans l'auto avant de me quitter rapidement, je crus l'avoir fâchée par une remarque un peu vive et que tout était fini entre nous.

Ce n'était qu'un malentendu. Dès l'après-midi du lendemain, le portail s'ouvrit comme avant et je fus admis dans la cour à l'heure où le soleil éclairait la longue façade ocre. Je n'avais jamais vu la maison en pleine lumière. Je ne devais plus l'oublier. C'était un bâtiment rectangulaire d'un seul étage, à toit de tuiles, qui avait plus d'un siècle, et dont les fenêtres assez nombreuses n'étaient pas toujours alignées. Sur le devant, un

escalier en pierre de Junas conduisait à une porte
à deux battants et se prolongeait jusqu'à une tonnelle ronde que Cynthia n'appelait jamais autrement que la terrasse. Le rez-de-chaussée ne
comportait pas de pièces d'habitation, mais des
caves, des remises, le pressoir, la vieille écurie
(distincte de la nouvelle qui se trouvait dans la
deuxième cour) et d'autres salles ou locaux
d'affectation incertaine, fermés par de grandes
portes de bois plein. L'ensemble du bâtiment
n'avait pas reçu de crépi depuis la guerre.

À l'occasion de cette visite de jour, je
déchiffrai dans le regard mélancolique de Cynthia une demande à laquelle je me soumis immédiatement et qui constitua la clause tacite (et
unique) de notre pacte. Je ne devais jamais poser
de question concernant la propriété et ses habitants. Ne pas chercher à visiter les parties des
bâtiments qu'on ne m'avait pas encore montrées.
Me garder de toute indiscrétion. N'être surpris
de rien. À ces conditions seulement, je ne serais
pas un intrus, et tout me serait révélé peu à peu,
à son heure, sans brusquerie.

Ce pacte resta en vigueur aussi longtemps que
je fréquentai le domaine et je crois qu'il avait du
bon puisqu'il m'est impossible aujourd'hui de
repenser à ma découverte lente des lieux sans
retrouver les battements de cœur qui l'accompa-
gnèrent toujours.

Les premiers temps, alors que ma curiosité
devait se satisfaire d'hypothèses et de conjectures, ce ne fut pas Cynthia, mais Ugo qui me

faome

servit d'initiateur et de guide, presque malgré lui.
C'est qu'il lui échappait à tout moment des
observations qui m'éclairaient sur la vie profonde du mas, ou sur ses habitants. Par
exemple, il disait soudain : « Les Espagnols ne
sont pas contents du tracteur », et je comprenais qu'il parlait du métayer et de son épouse
qui logeaient dans la maisonnette, et dont
j'avais vu de loin, une fois ou deux, la silhouette dans le passage. Ou bien, c'était une
phrase dépourvue de sens apparent comme
« Les femelles sont les plus ternes » qui s'éclairait un mois plus tard, quand j'apercevais pour
la première fois, au fond de la troisième cour, à
côté des immenses paons rutilants comme des
lanternes vénitiennes, le carré cendreux des
femelles au plumage gris.

Drôle de corps que ce Ugo. Plus grand que
moi, comme il a déjà été dit, mais avec moins de
matière et plus d'angles, il surgissait et disparaissait à l'instant, aussi silencieux que la pipistrelle,
sa protégée. J'avais l'impression qu'il ne marchait pas, mais glissait sur une surface brûlante
qui exigeait des contournements, des arrêts
brusques, un affût sans bruit avant de grandes
enjambées. Si on lui parlait, il en était tout de
suite content comme si, de la bouche qui
s'entrouvrait, ne pouvait sortir qu'une bonne
nouvelle pour lui (les mauvaises, il les connaissait
de longue date) et il penchait la tête pour écouter, sans aucune méfiance, justifiant cette posture
par la peur de perdre les mots importants. Imagi-
nez ! Quelqu'un vous lance une idée qui trans-
formerait votre vie, quelque chose comme le

plan de la banque pour le voleur, et vous êtes
trop loin pour l'entendre, ou vous avez la tête ailleurs, l'idée tombe entre vous et lui, dans ce no
man's land où rien ne pousse. Et vous voilà par
votre faute de nouveau seul, sans consolation ni
salut, avec le chemin à trouver dans l'épaisseur
des paroles qu'on n'entend pas et des choses qui
vous condamnent.

Parce que son âme n'était que murmure et
incertitude et stupeur, et qu'il vivait dans l'épouvante de laisser perdre une indication qui l'aurait
sauvé, Ugo était devenu une sorte d'athlète de
l'attention, qui captait les bruissements et les frôlements des rongeurs au fond des greniers et le
cliquetis des clés dans les poches, et pouvait dire
à tout moment, sans avoir à tendre l'oreille, s'il y
avait un cheval dans l'écurie, dans quelle pièce
de la maison se tenait son père et ce qu'il faisait,
de quel côté avaient reflué en bon ordre les
paons qui se déplaçaient lentement avec la
lumière du jour.

J'ai compris au fil des années que le bruit de
cascade du vent dans les peupliers qui fermaient
la dernière cour, la sortie du merle à bec jaune,
une tuile arrachée du toit et roulant intacte à ses
pieds, l'apparition d'une belette sur un tronc
d'arbre par un matin froid de novembre alors
qu'il revenait du poulailler avec un œuf chaud
dans la manche, constituaient pour lui les premiers mots d'une conversation qu'il aurait aimé
entendre en entier. À l'évidence, en lui adressant
des messages continuels, le monde voulait lui
dire quelque chose, mais quoi ? Il n'était pas
sourd et il écoutait chaque bruit avec tout son

corps. Pourtant il perdait toujours le meilleur.
Pour quelle raison?

Ces voix qui lui parlaient depuis le début,
à travers les cailloux, les fleurs,
le feuillage noir, les averses de la lumière,
maintenant se sont séparées
et s'éloignent l'une de l'autre
dans des mondes qui n'ont plus lieu.

Ici, debout, face au temps
qui fait la roue au fond d'une cour,
sous ce soleil qui éclaira aussi Babylone,
je demande justice
      pour ce malheur.

Ainsi passa le premier automne de mon amour. Je ne pouvais imaginer qu'il serait suivi de tant d'autres, tout aussi vains. Si je devais défendre un jour ma cause perdue, je plaiderais les circonstances atténuantes, la beauté triste de Cynthia, la fascination qu'exerça sur moi le mas dès l'instant où j'y pénétrai et la force des impressions que m'avait laissées une enfance où la rêverie tint la place de la prière.

Il y eut des jours où je fus à deux doigts d'avouer à Cynthia que je l'aimais, mais ne le savait-elle pas et n'avait-elle pas répondu à mon silence par le sien, qui disait tout autre chose ? Je suis tenté de croire aujourd'hui, sans en être certain, que je me gardai de tout aveu pour ne pas dissiper une ambiguïté où logeait encore de l'espérance. On peut tout dire sans parler et d'abord ceci : « Ne disons rien. Repoussons les explications. Pas de phrases définitives. Contentons-nous des échappatoires muettes. Notre intérêt est de ne pas tirer au clair ce qui nous sépare. »

Faute de savoir à quoi m'en tenir sur les sentiments de Cynthia, ou le sachant déjà trop bien,
j'interrogeais chaque occasion qui m'était donnée de la voir, avec la même fièvre et la même
mauvaise foi que les amateurs d'horoscope.
Comme on lit dans le marc de café ou dans le
cristal d'une lampe, je déchiffrais mon avenir
dans les plissements de sa jupe ou dans ses yeux
clairs, plaçais des espoirs véritablement insensés
dans l'inauguration d'une coiffure, que le hasard
faisait coïncider avec une sortie au cinéma, et,
bien souvent, apprenais ma condamnation par
contumace en voyant qu'elle avait préféré un
blue-jean à une toilette nouvelle.

Qu'on ne croie pas pourtant que je cédais aux
illusions sans me rebeller. Bien que je n'aie étu-
dié de près qu'un seul cas, le mien, et que, pour
cette raison, je manque de statistiques sur le
sujet, je considère que l'amour non payé de
retour (la jalousie est encore un autre problème)
offre quelques occasions idéales de passer de
l'aveuglement à la clairvoyance (et inversement),
sans que ces allers et retours perpétuels
n'agissent sur l'être aimé. Pour ma part, je sou-
tiens que je fus lucide dans mes heures d'égare-
ment et que j'eus l'esprit dérangé chaque fois
que je raisonnais.

Un jour nous avions rendez-vous, Cynthia et
moi, dans un café de la place de la Comédie. Par
crainte d'être en retard, j'arrivai avec vingt
minutes d'avance et profitai de ce répit pour télé-
phoner à mon père qui revenait d'un week-end

de chasse en Pologne et souffrait d'une sciatique.
Comme toujours, il se moqua de mes prétendues
études babyloniennes et me rappela sèchement
que ma belle-mère et lui-même – ma mère s'est
noyée à Biarritz quand j'avais six ans –,
comptaient sur ma présence pour le réveillon de
Noël, ce que je savais déjà par plusieurs lettres
sur le thème.

Au moment où je raccrochais, j'aperçus par la
vitre de la cabine Cynthia qui s'était assise au
fond du café sans savoir que j'étais déjà arrivé et
que j'avais posé mes gauloises et mon gros clas-
seur sur un autre guéridon. Je me dis que je ne
perdrais rien à l'observer discrètement, une
méthode bien connue des désespérés pour inter-
roger la pythie. Or – et l'on va comprendre à
présent pourquoi j'ai fait ce détour par le téléphone – la jeune fille, ne me voyant pas, tira de
son sac sa minuscule boîte à maquillage, se
donna quelques coups de crayon sur les paupières et remit des couleurs sur ses joues avec un
mince pinceau à blush.

Jamais avant cette minute, et jamais par la
suite, je ne fus si près d'un bonheur qui tenait
tout entier à cette révélation : c'était pour moi
que Cynthia, là-bas, sous mes yeux, se refaisait
une beauté ! De là à supposer que j'étais pour
elle plus qu'un confident ordinaire, il n'y avait
que le Rubicon à franchir ! Je sortis de la cabine
en titubant, traversai la salle comme un homme
électrocuté, repris ma respiration dans la rue au
milieu du flot des voitures et me dirigeai vers un
autre bar qui m'était plus familier d'où j'appelle-
rais Cynthia pour lui dire que j'avais été retenu,

mais que je l'aimais. Vous entendez ce que je dis ? Vous comprenez ? Je suis retenu. Je vous aime...

Elle était partie.

Cependant décembre arriva dans une lumière de neige, une succession de jours blancs comme un éboulis de montagne, avec le flash de quelques averses la nuit, des matins frais qui filaient vers un court midi, sabre au clair, et, à l'horizon, tous les soirs, autour de l'œil rouge qui saigne, de hautes murailles de sang et de roses entremêlées qui s'écroulent sous les grands chevaux de la nuit.

Peu avant Noël, presque par hasard, j'aperçus Cynthia dans une boutique de mode. Je restai quelques minutes sur le trottoir à l'observer, repoussant d'instant en instant le moment de chercher fortune plus loin. Quand je me décidai à fuir, c'était trop tard : elle m'avait vu à travers les grandes vitrines et me faisait signe de l'attendre.

– Vous n'allez pas du côté de Solignargues, Malinoff ?

– Pas de problème.

Et nous voilà partis en voiture, sur la route sinueuse, bordée de platanes qu'on venait de mutiler pour satisfaire les manies ornementales d'un rond-de-cuir. Moi, la gorge sèche, le corps tendu comme un pilote de formule 1, je tentai de rassembler les premiers mots d'une conversation qui nous aurait conduits peu à peu, comme sur les pierres d'un gué, de l'autre côté du fleuve inconnu qui coulait entre elle et moi, et qui nous servait de frontière. Faut-il préciser que mes maigres cailloux ne me furent d'aucun secours et que je préférai me taire, pour éviter le désastre ? Cynthia, comme si mon émotion lui avait échappé, ou qu'elle en eût besoin pour être heureuse, me parla abondamment de Pontécordo qu'elle avait croisé dans un couloir de la faculté, cognant sa canne contre le mur pour se diriger. « Je l'ai conduit à la bibliothèque et je l'ai aidé à trouver les livres qu'il lui fallait. Si vous saviez comme il est chaleureux quand il n'a plus de public. Un homme véritablement exquis. Le contraire de ce qu'on croit. »

Si j'en juge par les observations déjà anciennes que j'ai pu faire sur ce sujet, et le souvenir qu'elles ont déposé en moi comme le tanin d'un vin vieux, peut-être n'est-il rien de plus irrésistible, dans l'ordre de la séduction, que ces moments où un visage habituellement mélancolique et réservé s'abandonne à un enthousiasme d'enfant. Alors nous assistons à une inversion des magies ; et, dans les yeux de l'être aimé, la flamme qui prend la relève des brouillards tristes nous consume subtilement. De même, au début d'un crépuscule de juillet, le passage à l'improviste d'une montgolfière qui reçoit les derniers rayons du soleil alors que nous sommes déjà sur le versant sombre de la montagne suspend notre découragement et nous fait crier de surprise. La nuit venue, cette image nous poursuivra, et plus tard encore, quand se seront éteints les souvenirs du bel été.

Il y avait chez Cynthia, je le découvris ce

soir-là, quand elle défendit Pontécordo, une noblesse de gestes, de mots, de maintien, qui lui appartenait en propre, mais qu'elle croyait le fruit d'un héritage mystérieux. Elle avait la conviction qu'un de ses grands-pères, qu'elle n'avait pas connu, mais dont son père lui avait parlé, lui avait légué la plupart de ses qualités et de ses défauts, lesquels étaient aussi indissociables, assurait-elle, que les deux côtés de la main. Lorsque je cherchai à savoir quels étaient les prétendus défauts dont elle s'accusait (ses qualités, je croyais les avoir déjà repérées), elle répondit : l'orgueil, la volonté, l'obstination et l'esprit de résistance, dénonçant ainsi les vertus que j'aurais voulu posséder.

Extrait de mon journal du lendemain : « Nuit d'insomnie. Migraine. Optalidon. Six cachets depuis hier soir. Pourquoi se bercer d'illusions ? Les jeux sont faits. Je ne l'amuse même plus. » Page suivante griffonnée au stylo à bille : « Décision prise. Je m'éloigne de Montpellier. Je quitte Cynthia. J'hiverne. Je disparais sans donner d'explication. Et si elle cherche à me revoir ? Si elle m'écrit ? Retourner les lettres. Faire le mort. »

Belle résolution que je réussis à tenir, bon gré mal gré, au-delà de mes espérances.

J'allai passer les vacances de Noël dans ma famille comme prévu. D'habitude, j'aimais ce retour, je m'y préparais, m'en faisais à l'avance une fête. Cette année-là, j'achetai au dernier moment mes cadeaux et partis le 24 à la fin du jour, après avoir rôdé une partie de l'après-midi à Solignargues sans voir Cynthia. Le réveillon fut aussi calamiteux (pour moi) qu'il pouvait l'être. Mon père avait invité, pour faire nombre, outre ma cousine Blanche qui avait des souvenirs précis de mes orteils sortant d'un couffin, le président de sa société de chasse, qui chanta *le Petit Vin blanc* aux hors-d'œuvre et *Minuit chrétien* avec la dinde. Quand arriva la bûche sur un guéridon à roulettes et que l'on servit le champagne, le ténor attaqua *Auprès de ma blonde* avec des clins d'œils appuyés de mon côté, car je devais bien avoir ma blonde, moi aussi, pas vrai, Sacha ? Je priai l'enfer de rappeler son chantre au plus vite et je quittai la fête à reculons pour aller vomir dans quelque réduit paisible, loin des refrains.

Les jours suivants, la neige tomba sur la Drôme presque sans interruption. J'appris par la radio que les routes étaient coupées, les trains ne circulaient plus, je ne pouvais plus repartir. Ainsi le ciel m'apportait-il son soutien – un renfort que je ne lui demandais pas car j'étais dans la situation du fumeur soi-disant décidé à en finir avec son vice, qui cherche du matin au soir, dans les poches de ses vestons, une cigarette oubliée.

Mon père, me voyant errer de pièce en pièce, le regard morne, m'attira près d'une fenêtre pour voir si je n'avais pas les yeux jaunes. Lui-même avait eu la jaunisse au régiment et il se flattait d'en reconnaître les premiers symptômes aussi vite qu'un médecin.

– As-tu passé la visite médicale ?
– Le mois dernier.

– Rien d'anormal ?

– Je vais très bien.

À l'évidence, je ne présentais aucun signe de maladie. C'était la tête, donc. Dans la famille, elle avait toujours été le point faible. Et l'on citait à l'appui de cette thèse l'excentricité de mon grand-oncle, Serge Malinoff, l'horloger personnel de Nicolas II, qui créa en Suisse, après la Révolution, les fameuses montres futuristes Malinova à fonctionnement aléatoire.

– Tu devrais faire du sport, mon petit. À ton âge, moi, dix kilomètres tous les jours. Mais aussi, nous étions des hommes !

À la suite de cette remarque, je partis en promenade, seul, un matin, loin du village. Je portais la chapka en peau de loup que j'avais reçue en étrennes et j'avais glissé sous mon bras la meilleure carabine de mon père pour avoir une contenance. Je me revois, marchant dans la campagne sans pensée particulière ni but précis. La neige était tombée en quantité énorme toute la nuit, et maintenant quelques gros flocons sans vigueur voletaient dans un ciel absent. En quelques minutes, je perdis de vue les dernières granges et la haute ligne des pylônes qui permettait de s'orienter par tous les temps. Je longeai un pré en pente et parvins à un petit bois. C'était là que, dix ans plus tôt, j'allais jouer après la classe avec mon ami Jean-Marc, aujourd'hui préfet en Bretagne. Je me souvenais qu'un matin de mai ou d'avril, alors qu'une lune pâle glissait en plein jour sur les arbres, j'avais aperçu deux belettes qui se poursuivaient au milieu des troncs coupés. La plus avisée signala ma présence à sa compagne par des glapissements que j'entends encore. L'étourdie ne voulut rien savoir et vint se jeter dans mes jambes. Au moment où elle comprit le danger que représentaient mes jeunes tibias, elle leva le museau pour faire face avec un courage instinctif, puis se jeta de côté et disparut dans un taillis, sans se douter que ma frayeur dépassait de beaucoup son effarement. J'allai m'asseoir, encore tremblant, sur un billot abandonné, quand me parvint du fond du bois, pour la première fois cette année-là, le cri le plus insaisissable de la nature, la double note du coucou, triomphante, moqueuse, délurée, qui soutient à la face de l'univers la suprématie vagabonde des dieux furtifs.

La concomitance de la terreur, de la surprise, de l'exultation et du chant, dans mon âme qui ne s'était pas préparée à les accueillir, produisit cette déflagration mentale immédiate, à laquelle convient le nom d'extase, « sortie de soi ». Pendant un temps sans commencement ni durée, que seules les montres de mon grand-oncle auraient pu mesurer correctement, je demeurai immobile, le visage exsangue, dans une tourmente de joie où j'étais simultanément la belette, l'arbre coupé, la lune blanche et le coucou : ruée fixe et tumultueuse de toutes les bêtes en moi et de tous les paysages mêlés.

Ce fut mon camarade de classe, aujourd'hui préfet en casquette, qui me secoua l'épaule et me ramena à nos jeux.

— Pourquoi tu ne répondais pas, Sacha ? Un quart d'heure que je t'appelle.

Maintenant je n'entendais plus le coucou. Ni la

voix de mon compagnon. Le petit bois était désert. Je le traversai à grands pas, sans remarquer de traces dans la neige. Avec l'hiver, tous les animaux se cachaient et semblaient avoir disparu à jamais. Je marchai longtemps au hasard. comme guidé par la topographie elle-même, si bien que je découvris un vallon où je n'étais jamais allé, avec un ruisseau qui devait couler sous la neige. Je ne pouvais l'atteindre, ni même le voir, mais un bruissement signalait sa présence sous l'épaisseur. Je pensais qu'à la fin c'était lui, le ruisseau, invisible et persévérant, qui triompherait. Je restai plusieurs heures dans le vallon, à sonder la couche de neige avec le canon de la carabine pour découvrir l'eau en dessous, mais je ne réussis qu'à gâter l'arme et à m'enfoncer jusqu'aux cuisses.

Depuis longtemps, sans que je m'en fusse aperçu, la neige s'était remise à tourbillonner autour de moi, ajoutant du blanc sur du blanc et de la lumière pour rien. Bien qu'il n'y eût pas le moindre souffle, les flocons semblaient venir de tous les côtés à la fois, dans un ralenti silencieux. Voyant qu'ils s'épaississaient peu à peu, je voulus m'en retourner par un raccourci, mais je m'égarai plusieurs fois et ne retrouvai mon chemin qu'à la nuit tombée.

Je passai toute la semaine au fond d'un lit avec de la fièvre, ce qui me permit d'abuser des médicaments une fois de plus. Je me rappelle avoir commencé plusieurs lettres à Cynthia qui finirent en cocotte dans la corbeille. Dès que les routes furent dégagées, j'oubliai ma résolution de décembre et repartis pour Montpellier.

Il y avait à l'époque dont je parle, sur la route de Carnon à Palavas, un cabaret en vogue, *le Rouge-gorge*, que les clients surnommaient *le Coupe-gorge*, bien que ce n'en fût pas un, à dire vrai. Nous nous étions promis, Cynthia et moi, d'y passer une soirée avant Noël. De telles promesses, je l'ai appris depuis, ne sont pas faites pour être tenues. Mais un soir où la solitude de ma chambre d'étudiant me pesait comme une prison, je me persuadai, après deux ou trois armagnacs, que Cynthia fréquentait le lieu sans me le dire et que j'avais là un moyen facile de la revoir.

Je partis, peu après minuit, dans le brouillard qui montait de la Méditerranée toute proche. J'avais mis pour la circonstance un costume de velours rouille et ma chapka de Sibérien. Tout en conduisant au jugé sur une route heureusement peu fréquentée en cette saison, je marmonnai une chansonnette de mon cru comme j'en composais alors, à mes heures d'oisiveté, car je caressais le projet de monter un jour sur la scène, quand ma timidité serait vaincue :

Debout devant l'océan
j'appelle ma mère
qui dort avec les géants
sous la lune amère.

Mère, quand sortiras-tu
de ta léthargi-e?
Mère, quand reprendras-tu
ta vieille magi-e?

L'onde se met à bouillir.
Le flot se déchire.
Je vois l'écume rougir.
La vague soupire.

Ma mère encore endormie
s'arrache à l'abîme.
Son œil qui brûle à demi
déjà se ranime.

Entre ses bras ruisselants
d'algues et de houles
de poissons, de goélands,
d'épaves qui roulent...

Je cessai soudain de chanter, car je venais d'apercevoir l'oiseau rouge de l'enseigne du cabaret et la grande affiche lumineuse qui signalait les délices proposées à l'intérieur :

LE ROUGE-GORGE

ATTRACTIONS INTERNATIONALES
STRIP-TEASE
MAGIE
PIANO-BAR

À peine avais-je obtenu le dernier guéridon libre, au fond de la salle enfumée, qu'une jeune femme en maillot couleur de truite apporta une chaise sur le devant de la scène et annonça le professeur Doc Lugano, le plus grand magicien du monde. Il y eut une demi-seconde d'obscurité, ce que les régisseurs nomment un noir, puis un projecteur éclaira l'illusionniste qui se balançait sur la chaise, face au public : veste rouge, visage rond, fine moustache et des mouvements de chat triste. Comment était-il arrivé là, si rapidement, je n'en avais aucune idée. Ce n'est que beaucoup plus tard, quand je pratiquai l'illusion en professionnel, que la solution du problème me fut révélée pour les besoins d'un spectacle.

L'artiste resta quelques secondes à se balancer sans dire un mot. Puis il se leva en faisant disparaître la chaise et il demanda aux personnes sensibles de quitter la salle, car il se proposait de prouver le néant de toute existence et le vide de la matière, une démonstration qui avait donné la chair de poule aux plus grands esprits de tous les siècles, à commencer par Blaise Pascal, l'inventeur de la brouette. Pendant ce discours, la lumière changea insensiblement, les raclements de gorge cessèrent. Je finis d'un trait mon champagne et desserrai ma cravate. Voici comment je décrivis le numéro dans mon agenda. « Après avoir allumé un cigare, l'escamoteur tire de sa pochette une écharpe de soie blanche qu'il enroule autour de son corps en tournant sur lui-même très lentement comme un derviche qui tâtonne au début de son tourbillon. À mesure qu'elle apparaît, l'écharpe s'allonge. D'abord elle entoure les chevilles, le bas des jambes, les deux mollets, puis elle atteint les genoux, les cuisses, la taille, elle s'empare des mains qu'elle immobilise sur le ventre, ensuite la poitrine disparaît et les avant-bras. L'étoffe continue de monter avec une régularité menaçante, elle encercle peu à peu dans ses lentes spirales blanches le petit corps du magicien (ne dirait-on pas Cynthia en robe de mariée ?), elle couvre enfin les épaules, le cou, le menton, enferme la bouche, le nez, tout le visage est englouti par le turban, et bientôt il ne reste qu'une momie qui continue de tournoyer et de lâcher des ronds de fumée. »

Sur l'agenda mon compte rendu, assez curieusement, s'arrête ici. Mais j'ai en mémoire la fin : on entendit dans les haut-parleurs la voix rieuse de Lugano invitant le jeune Sacha Malinoff à venir désemmailloter la momie. La lumière d'un projecteur tomba sur moi, m'interdisant toute retraite honorable dans la pénombre. Pour ne pas compliquer une situation déjà pénible, je me levai et traversai en titubant la salle bondée.

Dès l'instant où je mis le pied sur la scène, je sentis une clarté en moi comme une minuterie qu'on éclaire dans un couloir et qui projette de la lumière à tous les étages, pour peu de temps. Dans cet état, je commençai de défaire l'écharpe blanche en me déplaçant autour du corps ligoté. Je montrais une aisance que je n'ai jamais dans la vie et qui me surprit le premier. À chaque tour que je faisais, le magicien d'une voix assez forte pour être entendu de la salle me prodiguait des encouragements et des conseils. À la fin, tout le tissu fut déroulé, et, bien sûr, il n'y avait personne dedans.

Je ne saurais dire à quel point je fus déconcerté par ce qui n'était qu'un grand numéro d'illusion et que je pris pour une expérience mystique. Et je n'étais pas loin d'admettre que la transmission de pensée avait permis à Lugano de m'identifier, alors qu'il avait découvert mon nom, comme il me l'expliqua lui-même quelques années plus tard, par le chèque que j'avais signé à l'entrée.

Si j'en crois mon agenda, je revins au *Rougegorge* un autre soir et j'allai attendre l'artiste devant sa loge. C'était un homme bien différent du sorcier que j'avais imaginé d'après son spectacle. En dehors de son art et de la recette du jour, rien ne semblait pouvoir l'arracher à sa longue neurasthénie. Ou du moins rien de ce qu'on peut échanger autour d'un verre. Il balaya d'un revers de la main les compliments que je lui adressais à propos du tour de l'écharpe et prit la mouche quand je traitai de magicien un de ses confrères que j'avais vu à la télévision.

– Magicien ! Magicien ! Pourquoi pas enchanteur puisque vous y êtes ? Changer un pigeon en foulard, c'est de la manipulation et rien de plus. À peine si les deux ou trois meilleurs d'entre nous peuvent être appelés illusionnistes.

Il finit par s'amadouer cependant quand il vit que j'avais la main plus preste que lui pour régler les consommations, et mon prestige grandit encore lorsqu'il sut que je possédais une voiture.

– Vous pourriez me reconduire à mon hôtel ? C'est à Montpellier.

– Très volontiers.

On partit dans le brouillard. J'étais ivre mort

et conduisais au ralenti, machinalement. À côté de moi, Lugano passait l'index sur le bois du tableau de bord, essayait la radio, l'allume-cigare, les trois positions de l'appuie-tête. Au moment où je le déposai à son hôtel près de la gare, il me proposa d'être son chauffeur pour une tournée en Europe. Logé et nourri, je n'aurais à mes frais que les notes de bar et les cigarettes. Et j'apprendrais le plus beau métier du monde !

Deux jours plus tard, me retrouvant seul encore une fois dans ma chambre d'étudiant, l'idée me vint de dissoudre au fond d'un bol, dans un reste de café noir, un nombre relative-ment élevé de cachets roses. Après quoi, je me fis couler un bain chaud, avalai d'un trait le poi-son et pris congé de l'existence en fredonnant d'une voix vite pâteuse la chanson qui me trottait dans la tête depuis trois jours :

> *Mère, quand sortiras-tu*
> *de ta léthargi-e ?*
> *Mère, quand reprendras-tu*
> *ta vieille magi-e ?*

> *Voici qu'elle m'a saisi,*
> *m'entraîne avec elle*
> *plus loin que l'Indonésie,*
> *sous l'onde éternelle.*

> *Quel remous, quel tourbillon*
> *à en perdre haleine !*

Autour de nous par millions
plongent les baleines.

Ne cherchez pas mon tombeau
en terre de France.
J'habite un pays plus beau
où tout est immense.

Si vous voyez l'océan
vous qui aimez vos mères,
pensez à nous les géants
sous la lune amère.

Sans la vigilance de ma logeuse qui ne supportait ni les voix slaves ni les écoulements d'eau
tiède dans son salon, il est probable que je
n'aurais pas été en mesure de rapporter avec
toute la fidélité nécessaire cette histoire de ma
jeunesse. Transporté par les pompiers à l'hôpital,
je passai quarante-huit heures dans le coma, à ce
qu'on m'a dit, puis encore autant dans une hébétude sans nom, qu'il m'arrive de regretter. Mais
comme tout a une fin, en dehors de l'éternité qui
ne voulait pas m'accueillir, je me réveillai une
nuit, le corps floconneux, dans une pièce silencieuse, vaguement éclairée par les rayons froids
de la lune.

D'abord je crus que je me trouvais encore dans
ma baignoire et je cherchais du bout des doigts
une serviette sur le présentoir nickelé, quand une
douleur inconnue, véloce comme la pointe d'une
lanière, parcourut mon corps tout entier, éparpil-
lant mes illusions. Je compris que j'étais couché
sur un lit, près d'une fenêtre fermée ; que mes

chevilles étaient entravées par des sangles ; qu'un
tuyau souple s'enfonçait dans ma narine et un
autre dans mon poignet ; et ces découvertes ou
révélations successives, loin de jeter un froid sur
ma situation, me remplissaient d'un paisible
contentement, car elles m'apportaient la preuve
que des mains inconnues s'occupaient de moi
sans dégoût.

De nouveau du temps s'écoula, avec l'acuité
lente de l'insomnie. Minute après minute, centimètre par centimètre, sans interrompre le cours
de la transfusion, je parvins à donner du jeu aux
courroies avant de me soulever lentement sur les
oreillers comme l'hippopotame qui bâille en sortant de l'eau. Dès que je fus assis tant bien que
mal, non sans un début de vertige, ma nouvelle
position me fit découvrir, au fond de la chambre
lunaire, la masse d'un corps étendu sur un lit
étroit.

Ainsi je n'étais pas seul. Une personne arrivée
avant moi dans la chambre silencieuse tentait
elle aussi de reprendre pied dans le monde avec
l'aide des médecins. Sur le moment, le plaisir
d'avoir près de soi un frère ou un compagnon de
chagrin l'emporta sur la peur de partager avec un
mourant la chambre où je luttais encore pour la
vie. Il y avait la nuit entre nous et l'odeur de
l'eau de Javel, celle des médicaments et des
draps souillés de sueur, mais surtout les rayons
fades de la lune et le goutte-à-goutte du glucose
dans notre sang, une fraternité de sensations
aussi immédiate, pensai-je, que la complicité des
prisonniers.

Mais qui était cet homme ? Qu'avait-il fait

pour être conduit lui aussi dans ce lieu de perdition ? Se trouvait-il là parce qu'il avait commis la même « faute » que moi, et par conséquent essuyé le même échec, ou pour un tout autre motif ? En un mot, étions-nous promis au même sort ?

Maintenant que mes yeux s'habituaient à la pénombre, je distinguais mieux les contours du gisant sous la couverture. Ils dépassaient de loin la taille d'un homme ordinaire. Simple obésité ? Gigantisme ? Depuis l'enfance les géants occupent une place à part dans mes rêveries. Je les imagine perfides, ingénieux, riant de tout et s'amusant à injecter dans notre vie des rêves démesurés pour voir ce que nous en ferons. Ce fut donc par un mouvement familier de mon esprit que, tout en observant mon voisin immobilisé sur son lit, je repensai aux ogres de mes lectures, qui dormaient toujours sur le dos, exposant leur bedaine renflée aux mouches. Je me rappelai le matin où, lisant *Les Voyages de Gulliver* sur le banc d'un collège de Valence avec la passion et la fièvre qu'on imagine, mon regard de lilliputien glissa du livre à la journée : j'aperçus entre les immenses tilleuls le véritable Gulliver découpé par la frondaison verte et jaune, avec sa braguette arrivant au niveau des toits, ses épaules dans les nuages, ses yeux plus larges que le dôme de la chapelle. Je ne sais plus comment cette fois-là je m'arrachai au banc de lecture et courus jusqu'à la cellule du prieur, l'abbé Mirou, qui s'efforça de me calmer en posant les mains sur mon front et, à titre de consolation s'il en est une, me lut d'une voix assurée le début de la Passion de Notre Seigneur Jésus-Christ selon Matthieu. *In illo tempore : Dixit Jesus discipulis suis* (en ce temps-là Jésus dit à ses disciples), *Scitis quia post biduum Pascha fiet, et Filius Hominis tradetur ut crucifigatur* (Vous savez que dans deux jours c'est la Pâque et que le Fils de l'Homme sera livré pour être crucifié).

Or, tandis que je me remémorais ces images obsessionnelles sur lesquelles ma volonté, par définition, avait peu de prise, un mouvement se fit dans la chambre. Avec des efforts presque solennels, le colosse se soulevait sur son oreiller sans interrompre le goutte-à-goutte, et, quand il eut réussi à s'asseoir, son regard dépourvu de compréhension s'arrêta sur moi et ne bougea plus.

L'inconnu n'était pas un géant, ni un homme particulièrement bien charpenté. Peut-être même avait-il une taille au-dessous de la moyenne. Dans la demi-obscurité de la vaste pièce, il était facile de confondre l'ombre et le contour, et de prendre pour une corpulence de colosse le renflement des draps autour d'un corps normalement proportionné.

Cependant le patient continuait de regarder droit devant lui sans dire un mot ni me prêter plus d'attention que si j'avais été l'abat-jour de métal gris au-dessus du lit ou la simple tache de lune qui se déplaçait lentement vers la porte, comme un chat qui s'étire dans le sommeil.

C'est alors que, d'une voix basse, presque brisée, que j'aurais voulue plus forte certainement, je posai avec conviction la question inepte qui s'imposait :

– Vous ne dormez pas?

L'homme ne répondit pas, ne fit aucun mouvement, mais continua son examen silencieux, et rien dans le regard fixe et par conséquent inhumain de l'inconnu n'indiquait qu'il avait saisi la question.

– Je sais que vous ne dormez pas. Vos yeux sont ouverts.

De nouveau j'attendis une réponse. Un geste. Un quelconque tressaillement. Mais rien. L'immobilité. Le silence. Et toujours l'esprit qui s'épuise à chercher une explication pour se rassurer.

– Savez-vous si nous resterons longtemps ici? repris-je au bout d'un long moment. C'est le plus terrible, n'est-ce pas, de penser que la nuit n'a pas de fin?

Cette fois l'homme bougea la tête avec une épouvantable lenteur qui indiquait les résistances qu'il devait vaincre, et je percevais un tel héroïsme dans ce ralenti que je me sentis obligé de tourner le visage dans la direction que son mouvement indiquait. Ainsi, nos deux regards tombèrent en même temps sur les barreaux de la fenêtre que les phares d'une ambulance qui arrivait dans le pavillon firent étinceler soudain comme une rangée de couteaux.

Je ne sais plus si, après le passage des phares, mes yeux se refermèrent ou si un convoi de nuages qui s'était formé sur la mer dans l'après-midi s'interposa entre la lune et l'hôpital, ramenant la nuit dans la chambre. Mais quand, après ces minutes de paix, les premières pour moi depuis longtemps, je considérai mon voisin, j'eus

la surprise de découvrir que le prestidigitateur du
Rouge-gorge l'avait remplacé, ou que c'était lui,
Lugano, qui gisait à côté de moi depuis le début
sans que je l'eusse reconnu. Il avait l'air absent et
ne disait rien. Mais bientôt j'entendis un bruit
léger comme d'un pouce qui feuillette quelque
brochure posée sur les draps. Un paquet de
cartes était apparu dans ses mains (ou peut-être
une seule main, je ne sais plus). Il en retira cinq,
une à une, et me les montra. C'étaient le roi et la
reine de cœur, le valet, la reine et le roi de car-
reau. Il fit un éventail des cinq cartes, le déplia et
le replia plusieurs fois. Puis le lança vers moi
d'un coup de poignet. L'éventail rouge traversa
la chambre aussi vite qu'un jet de sang et
retomba sur mon lit. J'avais suivi la manipulation
en plissant les yeux. J'étais sûr que rien n'avait
pu m'échapper. Néanmoins, quand je retournai
le paquet, les cinq figures étaient noires.

– Où sont les rouges ? demandai-je assez bête-
ment.

Pour toute réponse, Lugano leva une main au-
dessus du lit et me fit signe de lui retourner les
cartes en ouvrant et repliant l'index. Je rassem-
blai le roi et la reine de pique, le valet, la reine et
le roi de trèfle. Le jet noir traversa l'espace entre
les deux lits. L'illusionniste referma les mains sur
les cartes saisies au vol et il les rouvrit aussitôt :
une, deux, trois, quatre, cinq tourterelles s'échap-
pèrent de ses poings.

Le lendemain la pluie tomba du matin au soir
presque sans interruption, un crépitement conti-
nuel à la fenêtre comme un rataplan de l'enfer.
Je m'endormis et me réveillai plusieurs fois sans

m'occuper de mon voisin. Cependant, vers la fin de l'après-midi, une infirmière déclara que j'allais mieux et une autre, en me servant du bouillon, que je revenais de loin. Je compris qu'elles parlaient du pays des morts dont l'accès venait de m'être refusé.

Il y eut encore une journée, peut-être deux. Un matin, une infirmière m'invita à marcher autour de mon lit, puis dans le couloir de l'étage où je titubai longuement, mon épaule contre la sienne. Peu à peu, je sentis les forces me revenir et le désir de vivre qui va avec. À moins que ce ne soit l'inverse. D'abord l'envie, ensuite les capacités. L'après-midi, on m'encouragea à descendre dans le jardin, j'y passai une heure et demie dans une sorte de contentement si inhabituel chez moi que c'était comme si j'étais en voyage dans un pays dont j'ignorais la langue et les coutumes, mais qui, à en juger par l'extrême douceur de ses lois en rapport avec la sérénité de son ciel, et par les mœurs démocratiques qui y régnaient, avait dû être fondé il y a des siècles par une population débonnaire. Serais-je enfin admis chez les heureux ? me disais-je sans trop y croire. Et ce serait donc ça, le bonheur ?

Au retour de ma petite promenade, j'eus la surprise de constater qu'il n'y avait qu'un lit dans la chambre, le mien. Après le repas, le dos calé par des coussins, quand je m'informai des raisons de ce changement et du départ de Lugano, la femme de service me demanda de qui je parlais.

– De mon voisin, bien sûr.

– Quel voisin ?

– Celui qui était avec moi ces jours-ci.

– Qu'est-ce que vous racontez ? Vous voyez bien que vous avez une chambre pour vous seul.

– Il n'y a donc eu personne avec moi ?

– Évidemment, non.

– Avec qui ai-je parlé alors ?

– Ah ! c'est pour ça que vous faisiez tout ce chahut !

Voilà. C'était toute l'explication. Sous l'effet des médicaments et de l'alcool, j'avais divagué au milieu des ombres, tout aussi réelles pour moi que ma propre chair. Mais c'était fini. Mes visions s'étaient dissipées. J'allais reprendre pied sur un sol dur. J'étais guéri.

Fin janvier, la reprise du cours d'archéologie assyrienne fut marquée par un coup de théâtre. Quand Pontécordo se présenta à l'heure précise, chacun put voir qu'il marchait vite et n'agitait pas devant lui sa célèbre canne-gourdin, dont le pommeau en buis sculpté représentait la tête d'une gorgone. Il alla tirer lui-même un rideau derrière l'estrade et fit signe à l'appariteur d'ouvrir les autres. Après quoi, debout devant nous, il déclara qu'à la suite d'un miracle chirurgical il avait recouvré la vue avec toutes ses conséquences. De quelles conséquences s'agissait-il ? Nous le découvrîmes plus tard. Sur le moment, il y eut une brève stupeur, puis des applaudissements s'élevèrent du banc où j'étais et ce fut un charivari général.

Cette guérison si importante pour la suite transforma notre regard sur le professeur, ce qui prouve une fois de plus que nous nous laissons beaucoup trop impressionner par l'aspect physique des gens. Jusque-là, nous avions admiré de loin son savoir, sans en être affectés ni impré-

gnés, un peu comme des sourds, invités par
erreur à un concert, pour ne pas s'y ennuyer, se
laissent éblouir par la patine d'un stradivarius ou
les mimiques du chef. Maintenant, au-delà de
l'érudition virtuose, nous percevions une mélo-
pée douloureuse, comme une musique intérieure
et entrecoupée, qui mêlait les échos d'une tragédie personnelle dont nous ne pouvions rien
savoir au désastre silencieux que fut la dispari-
tion dans les sables d'une civilisation qui avait
apporté l'écriture.

Quand Pontécordo nous parlait des enfants de
Sumer courant pieds nus dans les rues de Babylone, nous percevions sa nostalgie d'une enfance
dilapidée sur les bords du Chassezac. S'il nous
traduisait mot à mot la plainte d'une mère pleu-
rant son fils noyé dans l'Euphrate, ceux d'entre
nous qui avaient perdu un frère ou un cousin en
Algérie se rappelaient le débarquement des cer-
cueils à la Joliette. Les Sumériens, déclarait-il,
ont connu les mêmes terreurs, la même faim, les
mêmes folies amoureuses que nous. Ils ont été
jaloux, rêveurs, fanfarons, vite aveuglés. Ils ont
cru que la pluie venait des dieux et que leurs
médecins les guériraient des fièvres et des dermatoses avec des médicaments qui nous font
pitié aujourd'hui : salpêtre, sel marin, peau de
serpent, « huile-de-mer », mais aussi avec du
thym, de la bière, du miel, ou des décoctions de
feuilles de saule qui leur servaient d'aspirine.
Examinez cette tablette, ajoutait-il en faisant cir-
culer un moulage dans les travées. Ne voyez-vous
pas que le coin n'a pas été bien enfoncé ? La
main a été prise d'un tremblement pour une rai-

son ignorée – maladresse, distraction, crainte, maladie. Chaque tesson, chaque poterie exhumée témoigne d'une existence. Si vous ne sentez pas l'odeur de l'argile humide sur les mains du scribe qui transcrit la liste des rois, ne faites pas de l'archéologie. Entrez dans l'administration. Devenez banquiers. Soyez gangsters. À quoi bon la poussière des millénaires, si vous ne la faites pas danser dans le soleil?

Débarrassé de son masque de faux aveugle et de ses tics, plus brillant et plus élégant que jamais, l'archéologue devint en quelques semaines l'Abélard de notre université. Les cours des autres professeurs nous parurent privés de vie en comparaison de ses improvisations continuelles, et quand on sut que les universitaires américains le considéraient comme l'égal de Leroi-Gourhan ou de Lévi-Strauss, et que Jean-Paul Sartre lui écrivait, il devint l'intellectuel le plus en vue de la région, une sorte d'expert universel que les journalistes consultaient sur presque tout.

Bientôt on vit se former à la fin de ses conférences un cortège d'enthousiastes qui l'accompagnaient jusqu'à son bureau en le harcelant de questions, et je ne fus qu'à demi surpris de découvrir que Cynthia était du nombre. Elle s'en justifia une fois en me déclarant que, tout bien pesé, les cours de Pontécordo et le personnage qu'il nous jouait étaient le seul épisode excitant de la rentrée, un jugement qui m'enfonça un poinçon très fin dans le cœur, pour la raison qu'on devine.

En février, alors que je ne voyais presque plus

Cynthia qui me fuyait, le prestige du professeur grandit encore. À cette époque, si j'en crois mon agenda, je ne manquais pas un seul cours ni une assemblée générale. Et je me souviens qu'à l'occasion d'une grève des étudiants, vers le milieu du mois de mars, Pontécordo prit la parole, sans y être invité, à la façon d'un espontaneo sautant dans l'arène pour faire quelques passes devant le taureau. Il portait un complet de velours uni marron clair avec une écharpe rouge qui flottait sur la poitrine. Il en agita un bout devant nous pour obtenir le silence et, tandis que les derniers murmures s'apaisaient, il se mit à réciter lentement de sa voix aiguë, les yeux mi-clos, un poème de René Char qui attisait les braises de la révolte. Puis il invoqua de Gaulle malgré les sifflets, Che Guevara en dépit des applaudissements, et il troubla la fraction maoïste de l'assemblée en citant en chinois Mao Tsê-tung. Jusque-là, nous l'avions toujours cru préoccupé uniquement d'écriture cunéiforme et de civilisations disparues. Et voilà qu'il parlait de libération et de solidarité, de démocratie et de fascisme, et nous subjuguait par sa vision des problèmes contemporains. Chaque groupuscule politique, voyant midi à sa porte, piocha des arguments dans son discours et revendiqua le soutien théorique du professeur. Pour ma part, j'eus le sentiment qu'il n'apportait de l'eau à nos moulins que pour les noyer, et son entreprise de séduction me parut d'autant plus longue et fastidieuse que j'étais posté près d'une sortie pour surveiller de loin Cynthia et me placer sur son chemin quand elle se lèverait.

Et ce fut ce qui arriva précisément. Au bout de trois heures d'horloge, quand la réunion fut finie et qu'on se trouva face à face comme par hasard, elle se montra enchantée de me revoir, déposa vite sur mes joues une becquée de colibri et me laissa dans une belle perplexité en me déclarant sur un ton d'amical reproche :

— On ne vous voit plus, Malinoff.

— Moi ? Il me semble que...

— Ugo vous réclame, vous savez ! Tous les jours il me demande pourquoi vous ne venez plus. Vous êtes fâché ?

Je tombais des nues à ce discours qui inversait de façon flatteuse pour moi la responsabilité du froid entre nous. Ainsi rien n'était encore perdu. Au prix d'un mea-culpa de pure forme, je pouvais jouir de nouveau des douceurs de son amitié, le mot amour étant exclu. Mais tandis que je bredouillais une excuse sortie des brumes de mon cerveau et que je cherchais dans le regard clair de Cynthia le début d'une absolution, elle ajustait du bout des doigts, machinalement, ces boucles d'oreilles fixes qu'on appelle, je crois, des dormeuses. Et, pendant cette opération qui nécessite du doigté, elle n'arrêtait pas de tourner la tête comme pour voir quelqu'un de plus important que moi derrière mon dos.

— C'est que j'ai remarqué, Cynthia... depuis quelque temps... que vous n'étiez pas aussi...

— Oh ! mais vous n'avez pas besoin de moi pour aller à Solignargues ! La maison vous est ouverte, vous le savez bien.

— Ah !

— Vous ne l'aviez pas compris ?

Sur cette invitation équivoque, elle cessa de tripoter ses bijoux, posa une main sur mon bras pour m'encourager comme on flatte une mule qui aurait eu peur et elle s'en fut en courant dans le grand hall, appelée par la Révolution à venir, toujours à venir la Révolution, comme on a pu voir.

Je passai le restant de la journée et une partie de la nuit à retourner dans ma tête, dans tous les sens, ma conversation avec Cynthia, comme un voleur qui cherche la combinaison d'un coffrefort à partir d'un ou deux chiffres qu'il a déjà. Et le lendemain, à l'heure où Pontécordo commençait son cours magistral, je me présentai au Mas des paons. Quels renseignements, quelle intrigue venais-je y chercher en l'absence de Cynthia ? Je n'en sais rien. Il y a dans la curiosité à l'égard d'une personne que nous aimons sans être aimé quelque chose d'inéluctable comme la douleur, et je ne tenterai pas de donner les raisons d'une conduite qui ne fut qu'impulsion et obscurité.

À dire vrai, j'ai gardé un souvenir plus vif des circonstances de ma visite à Solignargues que de mon état d'âme particulier. C'est que les sentiments n'ont pas de limites précises, ils se forment et se dispersent l'un dans l'autre au gré du temps, et ne sont assignés à rien de fixe. Vouloir les retrouver tels qu'ils étaient quand ils nous causaient de la joie ou une souffrance sans nom est aussi vain que de recomposer, après la pluie, la forme exacte d'un nuage. Alors que les sensations s'éloignent de nous ou s'émoussent mais ne se laissent pas transformer radicalement, chaque sentiment nouveau qui nous occupe, même si ce n'est qu'un instant, prend toute la place, et sa tyrannie d'un jour ou d'une minute dénature les sentiments qui l'ont précédée et qu'elle abolit.

J'arrivai à Solignargues, me semble-t-il, par un de ces après-midi du mois de mars où le temps hésite entre deux saisons qui s'excluent. Au-dessus de la route bordée de platanes, que je connaissais bien, le ciel de duvet gris affichait la domination de l'hiver, mais le printemps encore masqué glissait du jaune dans les genêts des bords du Vidourle et réveillait les jeunes bandes d'étourneaux qui formaient de grands tourbillons sur le fleuve.

Le portail était fermé comme d'habitude et la première cour silencieuse. Je m'approchai pour sonner. À l'instant où ma main effleura la grille, un chuchotement s'éleva de derrière la haie de troènes :

— Ils étaient heureux, ce matin ! Pendant que papa les dessinait, ils n'ont pas bougé du toit. D'habitude, ils sautillent tout le temps.

Il n'y avait pas à s'y tromper. Quand Ugo avait cette inflexion joyeuse dans la voix, je savais qu'il parlait des paons. Croyant lui faire plaisir, je demandai à les voir.

— Ah ! non, alors ! Maintenant ils sont épuisés.

Il avait surgi dans le plein jour sans faire de bruit et il m'observait avec défiance. On aurait dit un chat sauvage descendu d'un arbre pour boire et prêt à y remonter d'un bond à la première alerte. Bien qu'il eût l'âge de Cynthia, et donc le mien, il m'était impossible de le traiter autrement que comme un enfant.

– Je ne te dérange pas?

– Parlez moins fort. Vous allez les réveiller.

Il tourna la clé par deux fois, délicatement, tira vers lui le portail sans faire grincer les gonds, se jeta sur la main que je lui tendais et la garda longtemps dans la sienne, comme un colis, avant de me faire entrer dans la cour, un doigt sur les lèvres. Je le laissai gravir devant moi l'escalier extérieur et pénétrai pour la première fois dans la grande pièce aux carreaux rouges que Cynthia et lui partageaient et qui leur servait tout à la fois de salle à manger et de séjour. À part quelques lampes très belles, que la jeune fille avait dû choisir, me disais-je, l'ameublement était modeste, rude, presque monacal.

Je m'assis à une table de bois sombre, entre deux fenêtres, sans trop savoir pourquoi j'étais là ni ce que j'espérais de ma visite. Ugo était heureux de me recevoir, c'était déjà ça, mais nous n'avions rien à nous dire. Après un silence bizarre, qu'il peupla de chuchotis, il me proposa de la limonade éventée avec du sirop en me déclarant, non sans une pointe d'orgueil, qu'il préférait cette boisson tiède au champagne que sa sœur buvait glacé. Et quand il m'en eut servi un plein verre :

– Vous jouez aux dames, Sacha?

– Très mal.

– Je vous apprendrai.

Il alla chercher un damier dans une autre pièce, installa les lignes de pions avec une vivacité de croupier, choisit les blancs, car les noirs lui portaient malheur, me dit-il, et se lança dans une attaque sur tous les fronts qui me permit de l'emporter en quelques coups.

– On en fait une autre. Je garde les blancs.

– Comme tu veux.

On resta une heure de part et d'autre de la table à concevoir des stratégies qu'on ne put jamais appliquer et à rêver de sacrifices décisifs. Tout à coup, au milieu d'une partie qu'il était en train de bousiller encore une fois, il sursauta et se mit debout aussi brusquement que si quelqu'un avait tiré au pistolet sous la table.

– Vite. Levez-vous !

– Qu'est-ce qu'il y a ?

– Papa... désire vous parler.

– Tu me le dis maintenant ?

– C'est maintenant qu'il veut vous voir. Avant il dormait.

Disant cela, son visage de belette tourmentée par l'énigme de l'infini semblait attentif à des frôlements que je ne percevais pas. Je savais que le peintre logeait dans un autre bâtiment, à une distance considérable. Quand même il aurait hurlé à la fenêtre de son atelier, ses appels ne nous seraient pas parvenus.

– Ugo, parle-moi franchement...

– Dépêchons-nous.

– Réponds-moi d'abord. D'ici, tu peux savoir si ton père dort ou s'il peint ?

– Bien sûr !

– Comment fais-tu ?

– Je l'entends.

Il l'entendait ! C'était tout ce qu'il pouvait dire. Et j'avais beau afficher l'incrédulité de saint Thomas, il n'en était pas ébranlé. Aujourd'hui, après plus de trente ans, je n'ai aucune explication d'un phénomène dont j'ai été le témoin d'innombrables fois et je n'ai eu vent d'aucun autre cas semblable. J'espère que la publication de ce livre permettra d'en découvrir. On saura alors que l'histoire que je rapporte avec une fidélité de greffier, loin d'être la chimère d'un vieil aveugle, est exacte jusque dans ses détails en apparence fantastiques.

S'il m'est permis d'anticiper, je raconterai l'expérience un peu sournoise, à laquelle je me livrai, quelques années plus tard, pour tester la sincérité (et l'oreille) de celui qui était devenu mon ami. C'était une nuit de juin sèche et claire comme un couteau, il y avait des grillons dans tous les prés, et l'on entendait les grenouilles qui s'appelaient sur un des bras morts du Vidourle. Nous étions assis, Ugo et moi, sous la tonnelle de la terrasse, en train d'élaborer une théorie révolutionnaire du jeu de dames, fondée sur le kamikaze perpétuel. Soudain je lui dis à brûle-pourpoint :

– Que fait ton père en ce moment ?

Il tendit l'oreille, rougit et répondit à regret :

– Je ne sais pas.

– Tu ne sais pas ou tu n'oses pas ?

– Il n'est pas seul.

– Tu veux dire que la cliente qui est venue choisir un tableau cet après-midi est restée auprès du Maître ?

– Oui.

J'ai rapporté cette scène plus tardive pour donner une idée de l'atmosphère qui régna toujours au Mas des paons. Encore dois-je préciser que l'acuité auditive d'Ugo ne fut que mon premier sujet d'étonnement. J'en eus un autre en pénétrant dans la troisième cour, lorsque je découvris la végétation de rosiers grimpants et de ronces qui proliférait autour des piliers de bois rouge d'un vieil auvent de tuiles rondes dominant les vitrages d'un atelier. L'édifice était si vétuste et si délabré qu'il donnait l'illusion de devoir sa survie à la poussée des tiges qui l'emprisonnaient dans leur treille et l'empêchaient de tomber en ruine. Et la pensée me vint, dès cette vision, que quelques coups de sécateur bien ajustés auraient jeté à bas la galerie.

Il me fallut plusieurs minutes avant de remarquer, sous le fouillis des feuilles et des reflets, une forme humaine, immobile et monumentale, enveloppée dans une couverture bleu roi et surmontée d'un chapeau de paille grossier d'où descendait en vrac, comme un Niagara bouillonnant, la mousseline d'une moustiquaire crasseuse. Je crus que le propriétaire des lieux se livrait à une expérience d'apiculture, et déjà je me demandais si des abeilles ne bourdonnaient pas dans mes cheveux tant est grande, chez l'être sensible, la puissance de suggestion! Mais je revins de mon erreur quand l'apiculteur supposé retira son couvre-chef et le déposa près de lui, ce qui eut pour effet de mettre en fuite cinq ou six paons qui se postèrent sur le toit avec une lenteur sénatoriale et des gloussements outragés.

– Tu vois, dit Ugo, il faut qu'il cache son regard, ils en ont peur!

Maintenant le peintre s'était levé. Il venait à notre rencontre. Un homme jeune, trente-six, trente-sept ans, de haute taille, peu sympathique, avec un visage d'argile cuite, des yeux petits,

l'impassibilité d'un moine mort. Il ne répondit
pas à mon salut, ni au bonjour que je bredouillais
dans mon col. Si le souvenir que je garde de cette
scène n'en prolonge pas la durée, je crois qu'il
resta plusieurs minutes à me dévisager en silence,
sans que son regard laissât palpiter la moindre
lueur qui m'aurait assuré que j'avais bien affaire
à un vivant. Sans doute s'agit-il là, me disais-je,
d'un simple examen d'admission à son amitié, à
moins que ce ne soit un rite d'initiation comme il
en existait chez certaines peuplades prébabylo-
niennes dont Pontécordo nous a parlé.

— J'étais impatient de vous voir, dit-il au bout
de l'affreux tunnel de silence, d'une voix sèche et
craquelée, peu faite pour me séduire.

— Moi aussi.

— Vraiment ? Vous allez me dire pourquoi.

Sur ces mots, il me prit le bras et il m'invita à
entrer dans son atelier qui était l'ancienne oran-
gerie du mas, comme le laissait voir son architecture de fer, ses grandes vitres donnant de
plain-pied sur la cour, ses murs clairs et son haut
plafond. Je remarquai que les deux chevalets
étaient vides et qu'un drap recouvrait cinq ou six
toiles posées contre un mur. Sur une table au plateau de céramique, il y avait des pots de couleur,
un Teppaz et quelques bouteilles de bière.

— Cynthia m'a dit que vous étiez un peintre
très... original.

— Peintre ! Oh ! je n'ai pas cette prétention.
Disons que je fais quatre tableaux par an. Et
c'est chaque fois le même, à un ou deux infimes
détails près, que seul un œil très exercé discer-
nera.

– Ne comptez pas sur moi, alors. Ma vue n'est pas bonne.

– Ce n'est pas une question de vue. Sinon, le premier amateur de cartes postales venu n'aurait qu'à se procurer de bonnes lunettes pour devenir critique d'art. Je vous parle d'une révolution de l'esprit, obtenue par une acuité des sens dont vous n'avez pas idée. Comment pourriez-vous saisir les nuances de mes tableaux si vous ne savez pas distinguer entre deux gouttes de rosée, deux bourgeons de la même branche, deux tas de sable de poids égal, deux cris successifs du coucou ?

Par un effet paradoxal qui n'exige pas de longues explications, l'agressivité du peintre, occupé à me faire sentir la supériorité de ses facultés sur les miennes, me libéra de toute timidité à son égard, et, pour n'être pas en reste d'une anecdote, je prétendis que, dans l'immeuble où j'habitais, un de mes voisins, bijoutier de son état, avait l'ouïe si fine qu'il était capable d'entendre tomber une épingle sur le parquet de l'appartement du dessus et de dire si elle était ou non en or.

Si j'avais espéré dérider mon hôte par une plaisanterie, nul doute que je n'eusse été bien déçu. Non seulement il prit au sérieux mon historiette, mais il me déclara avec un air d'autorité que je ne lui apprenais rien de nouveau, que son fils faisait des prouesses plus étonnantes et que lui-même, Nino Salomon, était capable de repérer au fond de la cour, sur les grandes rémiges d'un vieux paon, des variations chromatiques quasiment nulles pour tout autre observateur, même pourvu de jumelles.

Après cette mise au point, plus importante pour lui que pour moi, le peintre m'invita à m'asseoir sur une des trois chaises de l'atelier, et cela équivalait quasiment à une adoption. Ugo nous servit de la bière tiède, une friandise à cette heure, et l'on reprit un assez bizarre entretien dont je ne saisissais ni l'enjeu ni la progression. Parfois, l'artiste s'arrêtait au milieu d'un mot en clignant des paupières rapidement ou bien il cherchait du regard, derrière son dos, l'approbation chuchotante de son fils. Il lui arrivait aussi de faire des allusions à des personnes ou à des lieux que je ne pouvais connaître et sur lesquels, néanmoins, il me demandait un avis. Je me rappelle avoir noté le soir même leurs noms sur mon agenda avec le projet d'y revenir à la première occasion. Salomon. Esprit. Dolorès. François. Le Grand Bouquaud.

Au moment de nous séparer, une heure plus tard, le peintre me saisit le bras comme il l'avait fait au début et il me demanda brutalement :

— J'espère que vous n'étiez pas venu pour mes tableaux. Même Ugo ne les a pas vus.

Cette rencontre fut pour moi le début d'un dédoublement. J'avais deux vies qui ne se ressemblaient pas, mais se complétaient, et je passais de l'une à l'autre sans trop d'efforts comme on se retourne dans le sommeil. Dans la première, pleine de divagations et de craintes, je voyais Cynthia de loin en loin, à la bibliothèque ou dans un amphithéâtre bondé, et les quelques mots anodins que nous échangions à voix basse au milieu des étudiants me servaient de carburant pour le reste de la semaine. Cependant, presque tous les soirs, à l'invitation du maître des lieux, je me rendais à Solignargues et je partageais l'existence ralentie, mais profonde et tout imprégnée de légende, des personnes qui y vivaient dans une indifférence au monde extérieur que je n'ai rencontrée que là. J'y trouvais un apaisement, plus qu'une consolation, mais c'était déjà beaucoup. Si je mets à part deux ou trois éclats de colère, provoqués par une question mal venue qui interrompait le cours de sa rêverie à voix haute, le peintre se livra à moi très facilement et très vite, avec une confiance dont je

compris le sens plus tard quand je sus qu'il vivait
dans sa maison comme un détenu qui n'aurait pas
cherché à faire la belle depuis vingt ans, et que je
représentais pour lui de ce fait, avec ma voiture
rapide, mon instabilité naturelle et mon dilettan-
tisme d'étudiant, sans parler de mes nombreux
vices mineurs, le type même du désœuvré, sans
résolution ni attache, libre aussi bien d'aller finir
ses soirées au *Rouge-gorge* que de dormir à la
belle étoile, au bord de la mer.

Il y a trois façons d'espérer, me déclara-t-il un
des premiers soirs où les aléas de notre conversation nous avaient conduits vers les grandes notions
philosophiques, par des chemins que j'ai oubliés,
mais qui empruntèrent sans doute à l'alcool et à la
fumée des cigares. Je dis bien, trois façons d'espérer, pas une de plus. Dans le présent, dans le futur
et dans le passé. Ceux qui espèrent dans le présent
sont les mesquins, les médiocres, les gloutons, les
usuriers. C'est l'espèce la plus nombreuse. Ceux
qui espèrent dans le futur sont les velléitaires, les
paresseux. On les voit, éternellement fatigués des
travaux qu'ils n'ont pas entrepris, se berçant de
l'attente des jours meilleurs. Ceux qui espèrent
dans le passé sont les poètes, les mélancoliques,
les fous et les morts. À dire vrai, ce sont les seules
personnes qui ne m'inspirent pas de la répulsion.

— Si je comprends bien, dis-je au bout d'une
longue rumination, vous considérez que j'appar-
tiens à la troisième catégorie.

— Assurément.

— Et vous-même ?

— Oh ! il y a longtemps que je n'attends rien
d'aucune conjugaison.

Beaucoup de nos conversations – je serais tenté à présent d'y voir un signe – s'engagèrent au crépuscule, quand la lumière au-dessus des tuiles du toit posait une résille jaune sur le mur où venaient se chauffer les paons. Presque toujours, elles se prolongèrent tard dans la nuit, parfois jusqu'à la lueur bleue qui se détachait du Vidourle et alertait l'œil rond des coqs qui se réveillaient. Et nul ne sut jamais pour quelle raison elles s'arrêtaient tout à coup au milieu d'un mot, d'une phrase, ni pourquoi je me levais sans dire au revoir et retraversais seul les trois cours pour repartir. Autant qu'il m'en souvienne aujourd'hui, ce furent des conversations à bâtons rompus, sans contrainte ni objectif, mais non sans objet, car tout ce qui occupait nos regards, nos sens et nos cœurs y entra de plein fouet et de plein droit. C'est dire qu'elles furent peuplées de scintillations et d'odeurs, de clarté lunaire et de vent ; que tantôt les éclairs ou la pluie, tantôt la sécheresse et les grillons encadrèrent nos entretiens ; qu'il nous arriva d'en changer le cours tout à coup parce qu'un cheval avait bougé dans une écurie ou que le glapissement lointain d'un renard avait mis en émoi les paons.

Si Nino Salomon ne quittait jamais le domaine, c'est que, pour lui, il contenait tout. Dire si cette réclusion lui plaisait ou s'il agissait sous l'influence de forces occultes qui avaient leur relais dans ses souvenirs dépasse mes compétences. Je sais que là où je voyais un marronnier plus ou moins vert, ou plus ou moins nu, avec une pie qui se balançait au sommet, lui se rappelait qu'un homme aux épaules hautes, aux yeux éteints, à qui il manquait un bras, avait aimé s'adosser à l'arbre pour fumer un cigare noir. Et quand, protégé par la galerie, après une averse d'avril, j'écoutais l'eau des gouttières qui coulait en grosses tresses dans un baquet, lui entendait la voix du manchot qui criait : « Mets-toi à l'abri, Nino ! Mets-toi à l'abri ! »

Certes, la personne qui l'invitait à s'abriter pendant l'orage s'était réfugiée elle-même depuis longtemps sous une dalle de grès, et la pluie pouvait bien descendre en rideau devant l'atelier, elle ne quitterait pas pour si peu le cimetière. Mais sa voix était là, dans le creux de la sensation (qui était le plein du souvenir), appelée par les tintements du métal et les gargouillis, comme elle se ferait entendre ailleurs, une autre fois, selon ce que proposeraient les circonstances : dans le battement des volets contre les murs, entre les appels du moyen duc, au-dessus des grincements de la vieille pompe à bras.

La connaissance que le peintre avait du Mas des paons, de son histoire, de ses habitants successifs, de ses bêtes, était véritablement prodigieuse, car rien d'autre ne l'avait intéressé jusqu'à sa découverte tardive de la peinture. Comme beaucoup d'autodidactes, ce qu'il savait de l'histoire de l'art se réduisait aux renseignements désordonnés qu'il avait puisés dans le Larousse. Il n'était jamais allé en Italie, ni en Hollande, ni même au Louvre, et n'avait vu de tableaux de grands maîtres qu'au musée Fabre, à Montpellier, un lieu remarquable au demeurant, où il était resté des heures entières à examiner à la loupe quinze centimètres carrés des *Baigneuses* de Courbet. Par la suite, Cynthia lui avait procuré des traités de peinture ancienne et des manuels de chimie, si bien que sa science des pigments, des enduits et des coloris lui permettait de résoudre, à ce qu'il me dit, les divers problèmes techniques qui conditionnent l'expression.

Je dois préciser néanmoins que nos conversations portaient rarement sur son œuvre et qu'il me fut toujours impossible d'assister à son travail. Quand il commençait un tableau, il s'enfermait dans l'atelier pour plusieurs jours et, si j'arrivais dans ces heures de labeur, Ugo m'annonçait au portail, à sa manière chuchotante et extasiée, que son père ne pouvait me recevoir. Est-il besoin de dire à quel point je regrette de ne pas avoir bravé l'interdiction, maintenant que j'ai appris qu'une rétrospective de l'œuvre de Salomon est prévue au Petit Palais ?

Bien des années plus tard, quand le peintre fut devenu pour moi un confident devant qui il ne sentait plus le besoin de jouer un personnage, je compris que le sentiment de la perte dominait chez lui tous les autres – ce en quoi il m'était plus proche qu'on n'aurait pu l'imaginer de prime abord en nous voyant si dissemblables. Je me persuadai alors que les entretiens qu'il m'avait accordés avec une condescendance princière lui avaient été plus utiles qu'à moi. Ne lui avais-je pas donné l'occasion de faire le point sur lui-même ? Je me flatte également de ne pas avoir été étranger à la métamorphose de son art que les experts situent avec précision l'année de notre rencontre et qui est si frappante quand on regarde la chronologie des tableaux. N'est-ce pas moi qui lui fis découvrir l'artiste à qui on le compare souvent aujourd'hui, et sans doute à tort, Nicolas de Staël ? Je me souviens de l'avoir conduit en voiture à la Fondation Maeght à Saint-Paul-de-Vence pour une exposition de cet artiste, voyage atroce que je refuse d'évoquer plus longuement, car, pour cette seule fois où Nino consentit à quitter le Mas des paons, il ne cessa de se plaindre, à l'aller comme au retour, du soleil, des gens, de la vitesse, de la lenteur, de sa santé, du bruit, du temps perdu, des tableaux qu'il n'avait pas faits et de ceux qu'il avait bâclés, de l'avidité des marchands, de la laideur en général et de la mienne en particulier.

Il va de soi qu'Ugo prenait part à nos entretiens, qu'il en suivait les méandres avec passion et parfois nous interrompait en mettant l'index sur ses lèvres pour nous inviter à suivre le hululement d'une chevêche dans la garrigue ou le pas léger de sa sœur qui rejoignait sa chambre dans la grande maison sans venir nous souhaiter la bonne nuit. Cette omission, si peu accordée à la délicatesse de la jeune fille, m'étonna d'abord. Puis m'exaspéra. Comme elle se renouvelait soir après soir, j'en vins à croire que j'en étais le responsable. C'est parce que je suis là, me disais-je, que Cynthia se prive du plaisir d'embrasser son père. Ne ferais-je pas mieux d'en finir avec ces visites qui ne me rapprochent pas d'elle ? Ne faut-il pas être retombé en enfance pour vouloir remplacer l'amour par la curiosité, alors que le bonheur suit l'ordre inverse ?

Mais justement ! Ce n'était pas le bonheur que je venais chercher au Mas des paons, c'était l'origine d'un drame qui n'avait pas besoin de moi pour se jouer, même si le hasard m'y réservait un rôle de comparse ou de figurant.

Un soir, comme la culpabilité me pesait plus que d'habitude, je m'en ouvris au peintre qui me détrompa.

— Rassurez-vous, mon cher Malinoff (il me disait déjà « mon cher » au bout de deux mois), ce n'est pas vous qui empêchez ma fille de me voir. Bien au contraire. Si un soir son humeur change et qu'elle se décide à passer un moment avec nous, ce sera pour vous rencontrer.

— Voilà qui m'est difficile à comprendre.

— Cynthia est fâchée avec moi, tout simplement. Et cela ne date pas d'aujourd'hui. Je me suis peu soucié de mes enfants, vous comprenez ? Je leur préférais un fantôme. Un mort, si vous aimez mieux.

— De qui parlez-vous ?

— De celui qui a introduit les paons ici. La plus grande joie de ma vie, quel sens pourrait-elle avoir pour les autres ? Ugo s'en est accommodé. Cynthia, non. On dit que ce sont les oiseaux du diable. Je finirai par le croire.

Ces paroles énigmatiques avivèrent mon désir de percer le secret des paons et je me promis de ramener le peintre vers son sujet de prédilection dès que j'en aurais l'occasion. Ce que je fis le lendemain et encore les jours suivants. Je crois me souvenir que ces soirées passèrent vite et qu'elles furent suspendues (pour moi), de manière presque obsédante, au retour de Cynthia au mas tard dans la nuit. Dès qu'Ugo mettait l'index sur les lèvres et me faisait comprendre par un clignement des paupières que sa sœur était au portail, je cessais d'écouter le peintre pour suivre tous les craquements de la nuit. Mais j'avais beau tendre l'oreille, je ne percevais que le vent dans les peupliers, ou des bruits confus, et j'enrageais de cette infirmité soudaine autant que de l'irruption tardive de Cynthia. Pourquoi rentrait-elle si tard ? D'où venait-elle ? Quelqu'un l'avait-il conduite en voiture comme je l'avais fait tant de fois ? Je me résignai un soir à prendre l'idiot à part et à lui demander s'il avait entendu sa sœur dès son arrivée au portail.

— Bien sûr ! me dit-il d'un air radieux qui me donna espoir pour la suite. Il ne manquerait plus que je n'entende pas ma sœur, alors qu'un passant sur la route suffit à me réveiller.

— Était-elle seule, ce soir ?

— Certainement pas.

— Qui alors ?

Nous étions dans la deuxième cour, la plus étroite, où l'on garait les tracteurs. Bien qu'il fût près de minuit, Martinez, le bayle espagnol, qui dirigeait seul le domaine et n'avait de compte à rendre à Nino qu'une fois par an, était penché sur un moteur. J'ai peu parlé de cet homme jusqu'à présent, parce qu'il n'a joué aucun rôle dans mon histoire. On se salua de loin, distraitement. Ugo, me barrant la route, ne voulut pas que je parte

sans avoir vu le poney qu'il avait acheté au marché de Sommières, le matin même, avec ses
économies, précisa-t-il. J'aperçus dans un large
box un beau cheval en réduction, de couleur
rouge.

— Tu ne m'as pas dit qui accompagnait Cynthia,
repris-je en sortant de l'écurie.

— Son nouveau fiancé.

— Qui est-ce ?

— Je ne le connais pas.

— C'est la première fois qu'il vient ?

— Non.

On s'arrêta dans le passage qui menait à la
grande cour. Au loin, derrière les volets de la
chambre de Cynthia, il y avait de la lumière.
J'avais envie de lancer un petit caillou aux volets,
mais je n'en fis rien. Est-ce la vue de la pompe à
bras qui me rappelait ma découverte du mas, ou la
colère qui montait en moi depuis plusieurs jours ?
N'est-ce pas plutôt un parfum particulier, respiré
ailleurs et pas encore reconnu, qui me mit sur la
piste d'une vérité que j'avais pressentie depuis
quelques jours sans me l'avouer ? Je m'arrêtai au
milieu de la cour, torturé par une pensée infernale
qui m'inspira une ruse.

— Dis-moi, Ugo, tu as entendu le nouveau
fiancé parler à Cynthia ?

— Oui.

— Pourrais-tu l'imiter ?

Au lieu de répondre, il porta les mains aux
oreilles pour se couper des bruits du monde. Mais
se boucher les tympans ne suffisait pas. Il lui fallait aussi écarter toutes les voix, tous les sons, tous
les appels, tous les sifflements qui avaient occupé

sa soirée et qui parasitaient le souvenir. Il devait faire le vide et retrouver, par-delà le grand brouhaha, l'intonation singulière que j'attendais.

Soudain il fut prêt. Je le vis à son regard qui ne cachait rien. Il était heureux de me rendre service. Heureux pour moi. Pour lui, l'exercice était ordinaire. Il prit appui sur une jambe, le torse en avant, et il commença de se balancer. Son visage se transforma, ses joues furent de caoutchouc, ses yeux prirent une fixité de boutons. C'est alors qu'il laissa échapper de sa bouche méconnaissable une obscénité, que je me garderai de répéter ici ou ailleurs. Et cette phrase était prononcée avec la voix de fausset, la voix unique, la voix pernicieuse, séduisante, impossible à confondre avec aucune autre, du professeur Pontécordo.

Une chanson pour les idiots.

C'était un poney
qui avait la couleur d'une vache.

Pas de pis gonflés, non.
Pas de cornes.

Mais, tout de même :
le marron-rouge d'une vache.

Un soir son cavalier
ramena le bref animal
à l'étable.

Par chance, je n'étais pas là pour voir ça.

L'amour de Pontécordo et de Cynthia, je ne peux ni l'admettre ni le nier, et encore moins le comprendre, bien que j'y aie consacré plus d'insomnies qu'il n'aurait fallu. Quoi qu'il m'en coûte de souffler sur des braises rétrospectives, je dirai ici comment j'ai imaginé cet amour, sans ressentiment ni fausse honte. Selon moi, Cynthia ne tomba pas sous le charme du professeur aussi vite qu'il eût voulu. Ce n'est pas qu'elle fît de la résistance, non. Simplement, au premier abord, elle trouva le personnage dédaigneux, fuyant, égocentrique et théâtral, probablement le type humain qu'elle détestait le plus au monde, elle qui avait une sympathie immédiate pour les maladroits et les indécis comme moi. Dans le même temps, Pontécordo jugea qu'il avait affaire à une âme d'idéaliste, et, par haine du romantisme, sa bête noire, il se fit un malin plaisir de semer la perturbation chez son élève. Ainsi, comme on le voit, Vénus, avec sa cruauté habituelle, s'amusa un moment de ses protégés avant de les embraser pour de bon et de les confondre.

Tout commença, je crois, par un regard, comme souvent. Mais qu'est-ce qu'un regard ? Qui peut définir cette eau vive, que la chair n'emprisonne pas, mais qu'elle retient et remue, on ne sait comment ? Quelquefois, ce n'est pas de l'eau qui circule, mais une lueur à travers deux gouttes de pluie et, dans ce miroitement fugitif, la frêle immortalité s'invite un instant et le temps s'arrête pour elle. D'autres fois, le regard est la plaine sans horizon, que nous aimerions parcourir, avec le cheval du Mongol qui va dans un sens et dans l'autre, talonné par un rêve sans origine. L'amour de Pontécordo et de Cynthia, je le vois comme le cheval et la plaine, les feux de bivouac sous la pluie, le vent dans l'herbe, et du ciel à perte de vue.

Après les regards échangés, il y eut les mots. Mais que sont les mots ? D'où viennent-ils ? À quelles conditions nous touchent-ils ? Pourquoi nous semblent-ils vivants tout à coup, et presque aussi vite tués ? Seraient-ils des photos prises autrefois, sous un angle particulier, dans une lumière qui n'est plus là ? Témoignent-ils de paysages disparus, d'énergies éteintes ? Ne sont-ils que le bruissement des regrets, la musique du repentir ?

Un soir, Cynthia parlant avec Pontécordo dans le bureau du professeur s'aperçut qu'elle disait n'importe quoi et que son interlocuteur, les yeux mi-clos, l'écoutait sans la contredire. Il lui vint des pensées extravagantes, qu'elle ne repoussait pas. Cet homme est fou. Cet homme est génial. Il voit bien que j'ignore tout des Sumériens. Il ne me corrige pas. Qu'il est délicat. Qu'il est drôle.

Je me demande s'il sait danser. M'étonnerait bien. Ce que je suis bête. Je parle, je parle. Qu'est-ce qu'il attend pour me mettre dehors ?

Pendant que Cynthia s'abandonnait au désordre de ses sentiments naissants qu'elle prenait pour des pensées, la clairvoyance de Pontécordo était mise à mal elle aussi. En homme des Lumières, il se flattait de tirer au clair chaque mouvement de son cœur pour ne pas en être dupe. Mais c'est toujours quand on a le plus besoin d'un outil qu'il se dérobe. Et ce soir-là, la perspicacité du professeur était en panne. Regardant la jeune fille dans les yeux, il ne voulait pas croire qu'elle fût venue le voir pour un autre motif que pour obtenir des informations sur un exposé qu'elle avait à faire. L'incohérence de ses propos, loin de lui dessiller les yeux, le confirmait dans son erreur. Et dans sa mélancolie. Non, il n'avait rien à gagner à prolonger un entretien qui n'était que perte de temps. Néanmoins, chaque fois que l'étudiante faisait mine de se lever, il sortait de nouveaux livres de ses tiroirs ou lui montrait des documents connus de rares spécialistes, à la seule fin de se donner encore une chance de revoir ce petit geste par lequel, du bout des doigts, elle rejetait ses longs cheveux blonds derrière l'oreille.

Cependant la nuit arrivait comme un lent velours aux fenêtres, la pièce rétrécissait dans la pénombre, la conversation se changeait en murmure et la jeune fille ne partait pas. Le professeur alluma la lampe d'architecte de son bureau. Le rond blanc tomba sur la jaquette d'un dictionnaire d'art ancien. Elle représentait une femme nue, les cheveux tressés, les seins opulents, debout sur la crinière d'un lion.

– Qui est-ce ? demanda Cynthia.

– Vous devriez le savoir, dit-il avec une gaieté soudaine dans la voix. N'est-ce pas le personnage clé de votre exposé ?

Elle s'approcha de la table encombrée de publications et se pencha sur la photographie, l'air intéressé. Ce faisant, ses cheveux effleurèrent la main du professeur qui s'interrompit au milieu d'un mot comme un bricoleur qui a pris le courant.

– Langue au chat ! dit-elle très vite, gagnée à son tour par la gaieté qui venait de quitter brusquement le regard de Pontécordo.

– Elle est la divinité du soir et aussi la divinité du matin. Sa planète est Vénus. Son emblème, une étoile à huit rayons. Quand elle descend sur la Terre, son cortège se compose de prostituées. Elle séduit à la fois les mortels et les immortels. Qui pourrait lui résister, à part Gilgamesh qui est pour deux tiers un dieu, pour un tiers un homme ?

– C'est donc Ishtar ?

– Oui. La déesse du désir, de l'amour et de la fertilité.

De nouveau les cheveux jaunes balayèrent la main de Pontécordo. Cette fois, il ne la retira pas, bien qu'il fût troublé par l'intimité d'un parfum qui lui rappelait le jardin de sa grand-mère Rosalie quand il avait quinze ans et que toutes les personnes qu'il aimait habitaient la même maison. C'était une odeur de fleurs secouées et de feuilles tendres, une sensation d'avant la

chute dans le malheur, comme une conjugaison
oubliée. La retrouver aussi vivante qu'autrefois
lui faisait sentir le néant de toutes les années
qu'il avait passées à poursuivre un savoir déses-
pérant. N'aurait-il pas mieux fait de rester le nez
dans les fleurs sans se préoccuper de Babylone !

Cynthia, qui avait pris tout son temps pour
examiner la photo, se tenait debout devant lui.
Comme elle portait ses lentilles depuis le matin,
ses yeux la brûlaient et elle aurait donné à peu
près tout (sauf l'instant présent) pour les retirer
dans le calme des lavabos et chausser ses lunettes
de myope. Mais pouvait-elle s'absenter sans
mettre fin à l'entretien ? Voyant qu'elle hésitait,
Pontécordo pensa qu'elle allait lui dire au revoir
et que ce serait fini pour toujours du parfum des
fleurs et des feuilles.

— Mais asseyez-vous, je vous prie ! dit-il brusquement, avec une irritation qui fit sursauter
l'étudiante et dissipa son dilemme. Puisque vous
attendez de moi que je fasse votre travail, je vais
vous montrer une inscription qui vous servira.
Au moins, vous ne pourrez pas dire que vous
serez venue pour rien.

Il alla prendre dans un placard le moulage
d'une tablette qu'il venait de recevoir de son
assistant en Irak – peut-être un de ces fameux
faux qui ruinèrent plus tard sa réputation, bien
qu'il soit prouvé aujourd'hui qu'il fut victime de
la jalousie d'un collègue. Il posa le plâtre sur les
genoux de son élève et se mit à marcher dans le
bureau, d'un pas puissant, comme le lion d'Ishtar
délivré de sa tutelle. Sa voix, que les étudiants se
plaisaient à imiter parce qu'elle sautait du grave

à l'aigu, tel un saphir qui déraille, était devenue rauque et chaleureuse. Sans donner le temps à Cynthia de se reprendre, il s'était lancé dans une de ces improvisations à tiroirs que son érudition vertigineuse lui permettait et qui mêlait l'archéologie la plus tatillonne, la géographie des déserts, la poésie des cités de l'Orient et les confidences sentimentales. Comparant les attributions d'Astarté, d'Aphrodite et de Vénus, il passa des rivages de l'Euphrate aux bords du Tibre avant de décrire le modeste Cupidon qu'il avait été sur les berges du Chassezac, « le seul garçon de la famille, un monstre d'éveil, destiné par trente générations d'illettrés à faire la gloire de la tribu ».

Vers onze heures, le veilleur de nuit qui faisait sa ronde dans les couloirs de la faculté entendit des chuchotis derrière une porte. Il crut que des étudiants s'étaient laissé enfermer dans le bâtiment pour commettre quelque action louche. Nom de Dieu ! Cela ne se passerait pas comme ça. Il était resté vingt-quatre mois dans le djebel et savait traiter ces affaires-là ! Il tourna la poignée sans faire de bruit et se projeta dans le bureau en hurlant : « Personne ne bouge ! »

Après le départ du vigile, Cynthia déclara qu'elle avait trop abusé de la patience du professeur et elle se leva. Cela faisait bien des années qu'elle n'avait pas été aussi déprimée.

– Vous habitez à Montpellier ?
– À Solignargues.
– J'appelle un taxi et vous raccompagne.

Pendant le trajet, Pontécordo demeura silencieux, et peut-être sombre, se reprochant d'avoir asphyxié la jeune fille par l'étalage de son savoir. Cynthia, de son côté, ne lui facilita guère les choses. Appuyée à la portière, elle regardait les platanes blancs qui défilaient et l'arc de la lune sur le Vidourle, une vision qui, j'espère, lui rappelait nos conversations enjouées.

– C'est dans le village ? demanda le chauffeur à l'entrée de Solignargues.

– Non. Prenez le sentier à gauche de la fontaine. Allez jusqu'au terre-plein et arrêtez-vous à la grille.

– Bien, madame.

Le chauffeur se rangea devant le mas et attendit. Comme j'ai inventé plusieurs détails de cette soirée, faute d'informations de première main, il ne dépendrait que de moi d'y mettre un terme et de changer de chapitre. Je n'aurais qu'à ouvrir le portail en un tour de phrase. Cynthia s'y engouffrerait et adios ! L'infortuné n'aurait plus qu'à rentrer chez lui cultiver le regret amer et les idées noires. Trop facile. Je n'ai pas le pouvoir de me débarrasser des faits, qui sont encombrants. Plusieurs centaines de personnes ont reçu le bristol annonçant le mariage de M. Georges Pontécordo, professeur, avec Mlle Cynthia Salomon, étudiante. Dix heures à la mairie. Onze heures à l'église. Midi trente au restaurant. Etc. Quand même je ne tiendrais aucun compte de ce carton (que je me souviens d'avoir déchiré sous le nez de ma logeuse), cela n'empêcherait pas le maire de Solignargues de déclarer unis les ci-devant au jour et à l'heure prévus. Pas question donc pour

moi d'entrouvrir frauduleusement le portail du
Mas des paons et d'en finir avec une scène qui
m'assassine. Adieu les adieux! Je retourne dans
le taxi.

Pontécordo est à l'arrière, du côté gauche.
Cynthia a ouvert la portière droite. Alors qu'elle
a déjà un pied dehors, voyez à quoi tiennent les
mariages, le professeur, désappointé mais clair-
voyant, par une sorte d'inspiration désespérée, la
seule qui mérite qu'on s'y consacre, toucha légè-
rement le bras de la passagère et lui jeta in extre-
mis :

— J'ai beaucoup trop parlé ce soir, n'est-ce
pas ?

Un tel reproche ne serait jamais venu à l'esprit
de Cynthia qui avait admiré Pontécordo en pure
perte pendant quatre heures et se désolait de ne
pas compter à ses yeux. Si l'ordre des choses
avait été respecté (il ne l'est jamais), elle aurait
dû répondre par courtoisie :

— Pas du tout ! J'ai beaucoup appris. Merci de
m'avoir consacré un temps précieux, etc.

Mais il est des circonstances dans la vie où la
courtoisie est une faute, sinon un crime, et, pour
mon malheur et ma honte, l'épisode que je suis
en train de dicter à Mlle Levignal constitue un de
ces cas de force majeure. Incapable de prononcer
la formule de politesse qu'on attendrait, Cynthia,
dans un sanglot, retomba sur la banquette, le
visage sur l'épaule du professeur.

Un enchantement se brisa, un autre prit le
relais. Pontécordo se pencha sur la jeune fille,
écarta le rideau serré des cheveux, dégagea la
tempe, la nuque, le cou, la joue humide. Pensa-

t-il que la délicatesse de ses doigts effleurant la peau ne pouvait suffire pour effacer un tel chagrin ? Probablement, puisque la bouche entra à son tour dans le jeu. Sans voracité ni remords, telle une vieille carpe morose, elle mordilla le cou, le bord de l'oreille, les pommettes toutes mouillées, le fier menton, puis continua son chemin qui passait par la bouche adverse où elle s'arrêta un certain temps, je n'en dis pas plus, chacun imaginera mieux que moi ce baiser dont j'aurais dû être le bénéficiaire et l'auteur s'il y avait une justice chez Aphrodite. Ce ne fut pas tout. Le professeur, nul ne le contestera, avait d'excellentes manières vieillies en fût. Mais depuis qu'il s'était mis en tête de sécher les pleurs de Cynthia, le cristal de ses intentions laissait voir un sérieux dépôt. Après le premier baiser qui n'était que de circonstances et n'engageait rien, la main gauche du séducteur, sa bonne main qui maniait avec une égale élégance le stylo à plume et la canne, cette main sinistre, je ne crains pas de le dire, habituée aux fouilles babyloniennes, dégrafa sans attendre une permission les trois boutons du chemisier – un trio qui m'avait souvent intrigué – et elle fit jaillir les seins de leurs bonnets, afin que la pleureuse comprît par cet attentat amoureux que le grand homme ne la consolait pas par pitié, dans un esprit de sacrifice chevaleresque, mais qu'il agissait pour le compte d'une puissance supérieure à la compassion, sous l'empire du désir fou.

Aussi pénible que soit pour moi cette partie de mon récit, tout porte à croire que Cynthia n'opposa aucun veto aux caresses de l'historien, mais qu'elle les encouragea par son abandon, ses baisers et son rire, voire qu'elle accorda de bonne grâce la totalité de ces préludes que le savant ne pouvait manquer d'appeler de leur vrai nom : la petite-oie [1]. J'ajouterai, au risque de me fâcher avec une profession à laquelle ma demi-cécité m'oblige d'avoir recours, que si le chauffeur de taxi, qui observait la scène dans le rétroviseur, avait eu la discrétion de faire quelques pas le long du mas sous prétexte de regarder la Vénus du soir (ou le spoutnik), l'étudiante n'eût pas attendu, pour perdre ses gants [2], de se retrouver dans l'appartement du professeur, au dernier étage d'un immeuble du centre-ville.

Ainsi naquit, dans une déflagration éperdue où s'entremêlèrent la lune et la nuit, l'érudition et l'innocence, la brise de mer et le souvenir des sables de Babylone, un amour inaugural et crépusculaire à la fois, qui mit fin à mon espérance d'être aimé un jour de Cynthia.

---

1. *Au demeurant, je n'ai pas entrepris*
   De raconter tout ce qu'il obtint d'elle ;
   Menu détail : baisers donnés et pris ;
   La petite-oie ; enfin ce qu'on appelle
   En bon français les préludes d'amour.
   La Fontaine.
2. *Mainte fille a perdu ses gants,*
   Et femme au retour s'est trouvée,
   Qui ne sait la plupart du temps
   Comme la chose est arrivée.
   La Fontaine.

Retardé à plusieurs reprises (j'ignore pourquoi), le mariage de Cynthia et de Pontécordo
eut lieu à Sommières quelques mois plus tard. Je
déchirai mon carton d'invitation comme il a déjà
été dit. Néanmoins, au dernier moment, pour jus-
tifier une absence que personne n'aurait remarquée, je crus devoir invoquer l'aggravation de
l'état de santé de mon père. Vous parlez d'une
bonne excuse. Il aura cent ans cette année.

J'ai gardé jusqu'à aujourd'hui, au fond d'un
tiroir, le compte rendu de la cérémonie dans le
Midi-Libre. Je connais le texte par cœur, mais je
ne le donnerai pas. Sur la photo qui accompagne
l'article, on voit l'élégant professeur serrer
contre lui sa jeune épouse apprêtée comme la
victime d'un sacrifice. Le lendemain, un entrefi-
let du même journal m'apprit que le couple était
parti en voyage de noces à Bagdad. Il nous faut
donc l'imaginer promenant sa lune de miel dans
les ruines de Babylone.

Je repris mes visites au Mas des paons. Deux
fois par semaine pour commencer. Puis un jour

sur deux. Puis tous les soirs. J'y arrivais avant ou après le repas selon mon humeur et j'y restais au moins jusqu'à minuit. « Période somnambulique », ai-je noté dans mon agenda. Je me revois sur la route des bords du fleuve, roulant les vitres baissées et chantant des blues à tue-tête pour ne pas m'endormir. À chacun de mes retours, je me jurais de ne plus remettre les pieds à Solignargues puisque Cynthia n'y venait plus – des serments auxquels je m'empressais de renoncer après une courte nuit de repos.

Bien que le peintre n'eût manifesté aucun regret du départ de sa fille, je savais qu'il supportait mal son absence et qu'il n'était pas mécontent d'avoir près de lui un compagnon plus mal loti. Ce fut un des beaux moments de notre amitié. Il ne s'irritait plus de mes questions parfois insidieuses et ne fit aucune difficulté pour me raconter en détail toute l'histoire du grand domaine. Je réussis enfin à mettre une silhouette et un nom sur un personnage dont je pressentais depuis des semaines qu'il avait hanté les cours et les bâtiments de sa présence fantomatique. J'y reviendrai.

Pendant quelques mois, Ugo me donna assez régulièrement des nouvelles de sa sœur. Je fus tenu au courant des déserts qu'elle traversait, des oasis où elle avait fait halte et de ses progrès en arabe. Je sus qu'elle était allée à cheval visiter les ruines du temple d'Ishtar à Mari, où Pontécordo n'avait pas manqué de remercier (en babylonien ?) la déesse qui avait protégé leur amour. Une photographie, du format des cartes postales, que je ne possède pas malheureusement (elle ne m'était pas destinée) montre la bien-aimée en vêtement blanc, adossée à la muraille d'un palais qui doit être celui d'un de ces despotes brutaux à la barbe calamistrée qui régnèrent sur la région.

À dire vrai, si je continuais de me rendre au Mas des paons, ce n'était pas pour avoir des nouvelles fraîches de Cynthia. Et encore moins de la Mésopotamie. J'avais abandonné mes prétendues études d'archéologie et j'aurais préféré ne rien savoir des amours du professeur. Ce qui me retenait à Solignargues précisément – je le découvre en dictant ces notes trente ans plus tard – c'était la toute-puissance des lieux, la diversité des nuances de l'ombre et de la lumière tout au long des lentes journées, le sentiment d'une relation inconnue entre la trame de ma vie lacérée de coups de canif et la dispersion par mégarde à longueur d'heures des parfums, des odeurs, des bruits, des cris, des essors, dans un entrecroisement qui ne s'adressait à personne et semblait n'avoir pas de fin.

Parce que nous avons grandi et joué
dans le cercle des sensations,
effrayés par quelques paroles,
rassurés par quelques paroles,
le tourment par lequel nous devons passer
est la brèche dans les buissons,
la respiration sous les feuilles.

Parce que nous avons laissé se défaire
le cercle des sensations,
le tourment par lequel nous devons passer
est notre silence à venir.

LE GRAND BOUQUAUD

*Rien ne nous est donné directe-
ment. Le centre ne peut être atteint
en une fois. Il faut des contournements, des retraits, des abandons,
des réserves, des va-et-vient, la lente
spirale des heures et leur dissolution
en fumée. Il faut la solitude, le
désert, l'horizon perdu de vue,
l'oubli des avènements antérieurs et
l'absence de recours.*

*Tout est donné dans un temps qui
n'est pas donné.*

Nino Salomon, *Journal.*

Jusqu'ici, à partir de mes souvenirs et des trop rares notations de mes agendas, j'ai fait le récit d'une disgrâce dont je ressens encore les effets malgré les années. Si j'ai pris quelques libertés avec les événements, je crois avoir été fidèle aux impressions qu'ils m'ont laissées, lesquelles constituent pour moi avec le temps une source de mélancolie qui n'est pas près de tarir. « Je bois l'eau des années, dit un poète dont j'ai oublié le nom, je la partage avec qui s'en réclame. »

Maintenant, sous les yeux du lecteur aventureux à qui plaisent les boucles et les méandres d'une progression sinueuse, je voudrais abandonner Cynthia et Pontécordo, et ma propre histoire du même coup, pour ressusciter les grandes heures du Mas des paons. Là encore, je prendrai pour guide la mémoire aberrante du peintre qui me fournit plus de détails sur la ferme que sur lui-même et négligea (ou évita) de me parler de sa mère. Récemment, j'ai entendu à la radio dans une émission de promotion d'un nouveau magazine (dont on peut recevoir le premier numéro

sur simple demande) que le meilleur moyen pour
oublier un traumatisme personnel (un psychiatre
l'explique, paraît-il, en page treize), c'est de
remonter à l'époque où le traumatisme ne s'était
pas encore produit. Se détacher de soi en prenant connaissance d'un passé où nous n'étions
pas, remplacer la confusion par la vocation, tel
est le conseil du praticien. Application immédiate.

Je noterai pour commencer que l'appellation
« Mas des paons » date des années trente seulement, lorsque plusieurs couples de ces oiseaux
qu'on dit originaires du sud de l'Inde y furent
introduits en remplacement des pigeons qui y
prospéraient jusque-là. Auparavant le domaine
s'appelait le Grand Bouquaud, à cause d'une
boucle du Vidourle qui portait ce nom et que
l'aménagement du barrage a fait disparaître.
C'était une très belle propriété qui totalisait, au
moment de son extension la plus grande, sous
Napoléon III, un peu moins de cent hectares et
comprenait surtout des vignobles, des olivettes,
quelques parcelles d'amandiers, les prés inon-
dables de Solis où se noyèrent la même nuit vingt
et un taureaux de Camargue, et le fameux étang
de Cabanès qui a la forme d'une aubergine.
    Au début du siècle, le domaine passa dans les
mains d'un procureur de Montpellier, petit
homme sec à favoris teints et fines besicles,
connu pour sa main de fer et les frasques de son
épouse. Il fut pendant trente ans le propriétaire
absentéiste par excellence, ne faisant que de

brefs séjours dans un lieu qui lui remettait en mémoire ses infortunes. À l'automne, pour l'ouverture de la chasse, il invitait quelques bons fusils comme lui, et c'étaient les seuls jours de l'année où il consentait à veiller devant un grand feu de sarments en offrant le vin de la ferme qui était âpre comme du cuir. Au printemps, il aimait surgir à l'improviste à l'heure des siestes et réclamer le livre de comptes, ce qui faisait trembler le bayle-gardian, qui était à son service depuis toujours et n'avait pas de contrat. Pendant la période des foins, chacun savait que le magistrat, sujet au rhume, ne viendrait pas ; et personne dans les champs ne s'en plaignait. Ensuite arrivait l'enfer de la « petite chienne », cette éternité de canicule qui va de la mi-juillet au quinze août, où l'honorable magistrat ne pouvait faire autrement que d'installer toute sa maisonnée dans le grand mas réputé plus frais que la ville à cause du fleuve. Là, sans ami ni distraction, il lui restait pour passe-temps les parties de dominos sur la terrasse, la chasse aux moustiques, les sautes d'humeur de sa femme et la lecture du premier tome des *Mémoires* de Saint-Simon dont le signet se déplaçait de deux pages chaque semaine.

Que ces longues journées d'été n'aient pas donné lieu à de grandes réjouissances, je veux bien le croire, compte tenu de la personnalité peu commode du procureur. Néanmoins, je me rappelle avoir vu dans une des remises du mas, à côté d'une grosse calèche de voyage dont les longs ressorts encore en état et les banquettes de satin bleu invitaient à la volupté, un théâtre de marionnettes grandeur nature, tout en bois peint, que les deux filles du magistrat (Fulgence et Mélite) transportaient le soir sur la terrasse pour improviser des saynètes devant un décor bleuâtre en carton. Et Ugo lui-même m'a montré, dans un des greniers, au fond d'un coffre de marin, une longue robe de soie à manches ballons, blanche et rose, que la procureuse réservait, croyait-il, à ses amourettes d'été.

Sans doute aurais-je dû évoquer en premier la population qui travaillait sous les ordres du bayle, et dont l'existence, selon moi, n'avait rien de très enviable. Beaucoup de main-d'œuvre et peu de rendement, telle était la règle d'un jeu que personne ne voulait remettre en question, car elle arrangeait tout le monde. Ma vue ne m'a pas permis de dépouiller les archives départementales, j'ignore de ce fait combien de personnes vivaient sur la propriété avant août quatorze. Un historien local que j'ai consulté par téléphone considère qu'une douzaine d'ouvriers devaient être logés à la ferme toute l'année. Encore faudrait-il ajouter à ce chiffre qui ne paraît pas excessif les hommes de peine, employés à la journée, qu'on renvoyait aussitôt la tâche accomplie, moissonneurs, vendangeurs, bûcherons occasionnels, tailleurs de sarments et autres cercleurs de tonneaux ou laveurs de cuves, qui ont laissé moins de traces dans nos mémoires que les crues successives du Vidourle.

Parmi ces journaliers sans corps ni visage dont les noms (rarement lus) composent l'encyclopédie éparse des cimetières, il en est un, le plus démuni, le plus misérable de tous, sur lequel je veux m'attarder.

Cet homme s'appelait Salem Salomon. Ce nom qui évoque pour moi la Bible et les *Mille et Une Nuits*, il le devait à un vieux curé de Lozère, à demi fou mais fin lettré, qui avait découvert le garçon un matin d'automne glacial, sur les marches du presbytère. Ce jour-là, par exception, le prêtre était seul, sa servante s'étant rendue au chevet d'une cousine dont elle comptait hériter. Ce fut donc lui qui, sans trop savoir comment s'y prendre et en poussant des exclamations à fendre le cœur de Jésus, porta le bébé tétanisé dans la pièce chaude de la maison, le coucha au fond d'un cageot sous un édredon et, tout en priant la Madone de lui donner un coup de main, versa entre les lèvres déjà bleues du nouveau-né quelques gouttes d'une eau-de-vie à cinquante-quatre degrés qu'il réservait à ses heures de gourmandise. L'enfant poussa un cri qui fut comme une seconde naissance, puis son corps fut secoué de convulsions, sa chair bleuâtre devint rose, et, dès cette résurrection, il fit preuve d'une santé que le long labeur de la terre, le feu ennemi, les tranchées, la mauvaise hygiène et le tabac ne réussirent pas à détruire.

Il est probable que si le prêtre avait vécu assez longtemps pour s'occuper de l'éducation du garçon, Salem Salomon aurait appris le latin au grand séminaire de Mende. Je suis sûr qu'il aurait surpris ses professeurs par les dons d'observation et de mémoire dont il fit un si mauvais usage plus tard. Je le vois devenir en quelques années, avec le soutien de ses maîtres, un chanoine aux fortes épaules, à la théologie hardie, très apprécié de son évêque; et qui sait

alors s'il n'aurait pas fini en habit violet, crosse
en main, offrant son anneau pastoral à baiser à
toutes les ouailles de son diocèse ?

Malheureusement le vieux prêtre, tuteur
unique du jeune Salem, outre son goût pour les
contes orientaux et le marc, avait la passion de la
chasse. Parti à l'aurore, un jour de brume, avec
un mauvais fusil et un chien, il glissa dans un trou
d'eau, y resta six heures, attrapa une pneumonie
et mourut chez lui dix jours plus tard, après avoir
demandé à sa servante de lui apporter huit flocons d'ouate bien pure, de l'huile sainte et de la
mie de pain, et s'être administré à lui-même
l'extrême-onction qui efface les péchés mortels
oubliés.

Le bébé fut placé à l'orphelinat de Florac où il
devint en peu d'années l'enfant le plus arriéré de
la troupe, une sorte de rongeur silencieux, sans
curiosité ni malice, qui grandissait à l'écart des
amusements. De santé robuste, presque insen-
sible à la douleur, il ne donnait de tracas à personne, mais montrait de l'obstination dans des
activités qui n'en demandaient pas. Par exemple,
s'il tenait une brindille de noisetier ou une châ-
taigne bien lisse, il ne l'abandonnait plus pendant
huit jours et ni les gâteries ni les coups ne pouvaient lui faire lâcher prise.

On crut qu'il n'apprendrait pas à parler, et l'on
cherchait déjà à le placer dans quelque établissement pour aliénés, mais le jour de ses six ans,
effrayé par un animal, il forma une phrase
complète, rocailleuse et pourvue d'un sens. Il
reçut, à titre d'encouragement, une image du
petit Jésus qu'il déchira de ses doigts couverts de

merde au cours d'un long après-midi, et qu'il avala.

À douze ans, Salomon, ne sachant ni compter ni lire, et à peine dire bonjour, fut rendu par l'orphelinat qui ne pouvait plus rien pour lui. Outre des recommandations à n'en plus finir, on lui donna des habits propres, une casquette presque neuve, des souliers qui lui faisaient mal, sa médaille et trois pièces blanches dans un mouchoir. Et maintenant, adieu Salomon. Lave-toi. Mouche-toi. Ne touche pas ton petit robinet. Dis ta prière tous les soirs. Lève ta coiffe au passage des corbillards. Respecte le bien d'autrui. Meurs à ton heure. Et dis-toi que le Créateur qui t'a fait idiot avait ses raisons et veille sur toi.

Il marcha droit devant lui, se présenta dans une ferme où on l'embaucha pour les foins et où il apprit d'un bossu qui avait circulé, qu'il devait aller dans la direction du soleil, s'il voulait avoir du travail. Tu as compris, Salem ? Toujours descendre vers le Sud. Toujours le Sud.

Il suivit scrupuleusement le conseil et il arriva à la mer, qui est une bien belle invention. C'est là, je crois, qu'il roula sa première cigarette de tabac noir et rêva aux chevilles blanches des femmes. Mais les deux fois où il fut engagé sur un thonier pour lancer les filets au large, il vomit par-dessus bord, se fâcha avec le patron et ne reçut pas de salaire.

Il tourna le dos à la mer qui ne l'aimait pas et découvrit dans les grands mas de l'arrière-pays la vie austère des journaliers qui se louent de ferme en ferme et dorment avec le bétail. Très vite, ce fut un gaillard haut d'épaules et silencieux, deux qualités plus appréciées par les maîtres que par les valets d'écurie qui se méfient toujours de ceux qui gardent leur quant-à-soi et qui ont des poings pour se défendre. Comme il travaillait sans se plaindre dans les vignes jusqu'à la nuit et qu'il se contentait des soupes qu'on lui servait, les propriétaires le rengageaient volontiers. Néanmoins, d'année en année, sa réputation se dégrada et le bruit courut qu'à la foire d'Arles un lutteur était mort d'un coup que Salem lui avait porté.

Mobilisé dès août quatorze, le jeune homme ne manifesta ni enthousiasme ni dégoût pour le costume neuf que la nation lui offrait généreusement. C'était un cadeau qu'on lui faisait, il l'apprécia comme tel et se garda de faire remarquer à l'adjudant que ses godillots étaient trop courts d'un demi-doigt. Néanmoins il passa deux jours à chercher une recrue avec qui les échanger, et quand, pour la première fois, il grimpa dans le train réquisitionné, au milieu de la jeunesse chauffée à blanc qui criait : « *Nach Berlin !* », il eut la satisfaction d'être à l'aise dans ses chaussures.

À partir de là, la petite histoire de Salomon se mêle à la grande, elle s'y dissout et s'y perd comme dans un fleuve de boue. Je laisserai à d'autres le soin d'établir la gloire des généraux et de s'extasier devant Verdun. Moi qui me fais ici le chroniqueur d'un illettré, j'ai devant moi une grande difficulté. Il y a dans l'existence de Salem une lacune de quatre ans comme un trou qu'il serait trop facile de combler avec des exploits, des obus et de la mitraille. Personne à Solignargues n'a pu me dire si le jeune homme combattit en Champagne ou dans les Ardennes, à quelles actions il prit part, s'il se comporta en lâche ou en héros, s'il eut de l'amitié pour un compagnon, combien de fois il fut blessé, soigné à l'arrière et ramené dans les combats, s'il pensa qu'il allait mourir, s'il fut gazé.

Je crois qu'il ne porta aucun jugement sur ses chefs et qu'il accomplit du mieux qu'il put sa tâche insensée. Il rampa sous la pluie ou partit à l'assaut d'une colline au signal de l'adjudant, sans se poser de questions ni douter de ses propres forces, comme il avait toujours donné son coup d'épaule avec les autres pour dégager une charrette qui s'embourbait. Néanmoins je ne suis pas sûr qu'il ait compris ce que signifiait le mot « ennemi » dans la bouche des officiers.

Il faut attendre juin 1919, six mois après la victoire des Alliés, pour revoir Salomon à Solignargues. Il se présente au mas un dimanche. C'est une superbe journée. Les martinets volent très haut, l'air sent les foins, la chaleur glisse sur le fleuve qui se prélasse. Sur la route qui mène au Grand Bouquaud, quelques jeunes femmes en noir, qui reviennent de la messe, croisent ce passant inconnu, en pantalon de toile bleue et tricot beige. À cause du soleil montant, il a posé au sommet de son crâne un mouchoir noué, qu'il retire de la main gauche pour dire bonjour. Sans doute les femmes sont-elles trop jeunes pour reconnaître la personne qui les salue. Ont-elles remarqué seulement ses tempes grises, la cicatrice sur sa joue gauche, sa légère claudication ? Je n'en suis pas sûr. Ce qui les frappe, c'est la prestance de l'homme qui a jeté sur l'épaule, nonchalamment, sa veste bleue. Mais elles se trompent. Ce n'est pas de la nonchalance. Si le vent, qui ne souffle pas aujourd'hui, soulevait les pans de la veste, elles verraient que le bras droit manque depuis l'épaule.

Au moment où il se présente à la ferme, Salomon hésite. C'est la première fois. Ce sera aussi la dernière. Pourquoi ? Parce qu'il a encore une illusion. Une seule. Mais il tient à celle-là autant qu'à la vie dont il a été prodigue pendant quatre ans. Ici, il n'est pas un soldat quelconque. Il n'est pas n'importe qui. On le connaît. On sait ce qu'il vaut. Il n'a qu'une main, mais elle est forte comme deux, et il y a tant de choses qu'on peut faire d'une seule main !

Un quart d'heure plus tard, humilié par le nouveau bayle qui lui a fait répéter son nom plusieurs fois, il sait que jamais aucun régisseur, dans aucune ferme, ne donnera du travail à un manchot.

Jusque-là, il n'avait jamais douté de l'ordre du monde qui fixe une fois pour toutes la place des maîtres et celle des journaliers. Il ne s'était jamais plaint, n'avait rien exigé de plus que la part qu'on reçoit à la fin du jour quand on a longtemps travaillé. Il avait vécu sans renâcler, à la manière des bestiaux que l'aiguillon pousse à droite ou à gauche, et qui attendent, quand ils ont soif, qu'on ait mis un seau devant eux.

Or il avait soif maintenant. Et, par la soif, la rébellion entra en lui. Et par la rébellion l'infini. Il s'arrêta au milieu de la cour et porta la main à sa nuque pour laisser passer l'étourdissement, le vertige. Autour de lui tout devint bleu, vert, rouge, noir comme le jour où, dans une gerbe de flammes, il avait vu un paquet de chair s'arracher de sa capote et retomber sur un talus.

Cette fois il resta debout, jambes écartées, et le vertige s'éloigna. Devant lui brillait le portail ouvert sur la route. Peut-être pensa-t-il qu'il le voyait pour la dernière fois, que jamais il ne reviendrait dans ces murs mendier des jours de travail. Mais la soif, qui est plus forte que la pensée, ne le quittait pas et lui interdisait de partir. C'est alors qu'il se souvint de la pompe qu'il avait installée lui-même en 1913. C'est cette eau-là qu'il lui fallait. L'eau du Bouquaud. Parfois saumâtre, mais si fraîche. Sa veste toujours sur l'épaule, il se dirigea vers le puits, mit en fuite par son regard un jeune homme qui se lavait, torse nu, au-dessus d'un seau. Et il se servit. À l'instant où le jet coula dans sa gorge desséchée par l'air de la route, il comprit ce qui lui arrivait : personne ne lui donnerait plus d'ordres, il allait vivre pour lui-même.

Il se fit vagabond. Officiellement. C'est-à-dire, sans le cacher, aux yeux de tous. Vagabond, ce n'est pas un métier, c'est un état. Il oblige à marcher longtemps avec un couteau dans la poche, à se protéger du vent comme on peut, à faire la sieste partout, à repérer les champs d'oignons quand on a faim et à se servir. Si vous croyez que c'est facile ! Vous avez déjà essayé de peler un oignon d'une seule main ?

On le vit entrer dans les fermes et réclamer un bol de soupe ou de ragoût sur un ton qui n'avait rien d'agréable. Les chiens grognaient autour de lui mais n'approchaient pas. Les hommes non plus. Il dormait dans une grotte les jours de pluie et dans les fossés par beau temps, sachant toujours garder un œil sur les poules et un autre sur les renards. De cette façon il acquit en quelques mois une connaissance des lieux et des opportunités qui lui permit de fournir des plans aux cambrioleurs, des échelles aux pilleurs d'églises, quitte à mettre sa main unique à la pâte quand le besoin s'en faisait sentir.

Très vite, il n'eut pas son pareil pour découvrir au fond de quelle sacristie reposait un ciboire de quatre cents grammes, dans quel presbytère du Vaucluse dormait une collection d'ostensoirs et le chemin à suivre pour pénétrer de nuit dans l'évêché quand Monseigneur était à Rome.

Comme il savait aussi, de sa main valide, briser l'élan des chiens de défense et sortir un portail de ses gonds sans réveiller la domesticité, son réseau de relations s'agrandit au fil des années, et bon nombre d'amateurs d'art s'attachèrent ses services. Je connais personnellement un antiquaire de Lyon dont le père fit des affaires avec Salomon. Il en avait gardé le souvenir d'un homme entier, qui ne savait pas marchander et vendait toujours au plus bas, mais dont le regard éteint faisait peur.

Il fut arrêté plusieurs fois, relâché faute de preuves, ne livra jamais de complice et, privilège d'analphabète, ne laissa entre les mains des policiers aucun papier ni agenda compromettant. Il est vrai qu'assez vite le bruit courut qu'il servait d'indicateur et d'homme de main à la police. Allez savoir.

Le sort de cet homme fruste que rien ne prédisposait à une réussite criminelle aurait dû être de poursuivre un temps cette carrière, d'être dénoncé ou pris sur le fait, et de croupir de longues années en prison. Tout se passa différemment à cause d'un homme qui se présenta à lui comme un moine, sans en être un.

Il y avait dans une chapelle du Gard une fameuse statue polychrome de style baroque datant du XVIIe siècle qui représentait, m'a-t-on dit, saint François d'Assise en extase. Par une nuit de février, trois individus réunis devant la chapelle se proposaient de donner un meilleur emplacement à la statue. Salomon était du trio. Pour l'occasion, il avait emprunté la charrette et la mule du fossoyeur. Un premier examen des lieux rassura les malfaiteurs : le village était loin, l'affaire semblait facile. Mais la lourde porte sculptée résista à tous les efforts et il s'avéra que la seule voie d'accès était le toit sur lequel on pouvait grimper par l'arrière. Or, comme la chapelle attenait à un cimetière, il fallait planter l'échelle au milieu des tombes. Chacun sait que troubler le sommeil des morts porte malheur et que les monte-en-l'air ne sont pas moins superstitieux que les toreros. Deux des malfrats renoncèrent spontanément. Le troisième, Salem Salomon, se dévoua. Il prit sous le bras une lampe, un rouleau de corde, la longue échelle, son sac d'outils et entra dans le cimetière.

C'était une nuit sans lune, agréable malgré l'air vif. Pour l'ancien journalier la tâche n'avait rien d'insurmontable. Il avait déjà retiré un nombre suffisant de tuiles et s'enfonçait dans la soupente, quand il entendit quelqu'un tousser. Il scruta l'ombre dans la direction d'où venait la toux et il vit une silhouette se détacher d'une pierre tombale. La personne, emmitouflée dans un manteau à capuchon, avançait d'un pas léger sur le gravier. Parvenue au pied de l'échelle, elle s'éleva silencieusement sur les barreaux.

Salomon, qui ne croyait pas aux fantômes, garda la main sur la pince-monseigneur et laissa arriver jusqu'à lui la tête encapuchonnée.

– Dieu vous bénisse ! dit l'apparition.

– Que voulez-vous ?

– J'ai une dévotion particulière pour notre grand frère François, ami du pauvre et protecteur des vagabonds, et je fais une retraite ici tous les ans. Mais hier soir j'ai trouvé la porte fermée et je m'apprêtais à passer la nuit sur la tombe du chapelain qui était mon ami, si Dieu ne vous avait pas envoyé.

Salem reposa la pince et leva le volet de sa lampe sourde. Il vit qu'il avait affaire à un moine jeune, fluet, dont le visage maigre et fiévreux ne pouvait guère l'inquiéter. Il se remit à la tâche, noua une corde à la charpente et se laissa glisser dans la chapelle. Bel exploit pour un manchot. Le moine emprunta le même chemin et bientôt les deux hommes se retrouvèrent côte à côte devant la statue de François. Tandis que le religieux toussait de plus belle, Salem s'évertuait à détacher le saint de son socle de marbre gris.

– Vous vous y prenez mal, dit le moine entre deux quintes.

– J'aimerais vous y voir. Essayez vous-même si vous êtes si malin.

– Je n'ai aucune force dans les mains. Je suis
malade. Un an à vivre. Peut-être deux si je vais
en sanatorium. J'en connais un au Grau-du-Roi
où l'on vous sert du café au lait le matin. Mais il
faut faire la sieste l'après-midi et regarder la mer
pendant des heures. Personnellement, j'ai hor-
reur de la mer.

Les chemins de la sympathie et de l'aversion
sont les plus étranges qui soient. Parfois deux
personnes qui ont les mêmes goûts, les mêmes
lectures et une vision identique de leurs tristes
contemporains deviennent immédiatement enne-
mies et se lancent dans une guerre de trente ans
par journaux interposés. D'autres fois, comme
c'est le cas ici même, il suffit d'un regard et de
quelques mots pour qu'un homme de peine illettré, dépourvu de toute diplomatie, et un ancien
élève des jésuites, renvoyé du grand séminaire
pour un vol avec effraction, tombent dans les
bras l'un de l'autre, si j'ose dire, et forment sans
plus attendre une association de malfaiteurs à
contrat déterminé et but lucratif. Le franciscain
ou prétendu tel, recherché par plusieurs polices,
avait besoin d'un lieutenant pour ses projets qui
nécessitaient de la poigne. Sur ses conseils, Salomon passa du cambriolage banal, essentiellement
manuel, au banditisme de réflexion qui combine
la connaissance des trésoreries, le repérage des
flux bancaires, une approche humaine de l'état
d'âme des convoyeurs, point faible de la chaîne
de surveillance, l'étude de la météo et la puissance de feu. En général, Salomon, trop facilement reconnaissable à son handicap, s'installait
provisoirement dans quelque colline boisée d'où

il coordonnait sans intervenir les opérations que le tuberculeux avait conçues. Je tiens de son fils Nino, qui en tire une véritable fierté – et le fait m'a été confirmé par le commissaire Caron –, que Salomon a été le premier à utiliser le poste à galène dans les attaques à main armée, une innovation qui fait honneur, encore une fois, à l'esprit d'entreprise des Provençaux.

Ce ne furent pas les gendarmes, toujours en retard d'un hold-up, qui mirent fin aux exploits des deux amis, mais le redoutable bacille que Robert Koch repéra le premier dans son microscope et auquel il donna son nom généreusement. En juin 1928, au lendemain de l'attaque d'un train postal dans l'arrière-pays niçois, Salomon assista aux derniers instants de son compagnon. Invité par toute l'équipe à succéder au capucin, il refusa de prendre la tête du gang et se retira des affaires. Avec sa part et celle du mort, qu'il s'attribua sans discussion, il était riche. Assez, du moins, pour acquérir le Mas des paons, le jour où le procureur, devenu veuf, chercha à s'en débarrasser.

La vente eut lieu en avril de l'année 1930, 31 ou 32. Les avis divergent sur ce point comme sur d'autres. Aujourd'hui quelques vieilles personnes de Solignargues se souviennent du retour de Salomon dans la décapotable du notaire. Voir l'homme de loi et le bon à rien marcher dans la cour côte à côte et parler d'égal à égal fut une sorte de révélation pour le village. Dieu – ou Satan – avait choisi le plus indigne de ses serviteurs et l'avait hissé au rang de propriétaire terrien comme plus tard Il élirait – ou rejetterait en enfer – chaque mort, pour l'éternité.

À quelques semaines de là, Salem revint s'installer au domaine. Il arriva de bon matin, frappa à la porte du bayle, lui donna jusqu'à midi pour vider les lieux avec son épouse et ses meubles, et partit visiter la maison de maître qui lui avait toujours été interdite.

Il y resta jusqu'à la nuit dans une sorte d'hébétude neurasthénique, déplaçant une chaise vermoulue de temps à autre, ouvrant les fenêtres du salon et des grandes chambres du nord pour avoir vue sur la campagne, s'asseyant au bord d'un lit que le magistrat n'avait pas daigné emporter ou scrutant dans une glace au tain rayé que la pénombre avait envahie peu à peu le regard sans joie d'un vieil homme qui n'avait pas quarante ans.

Il jugea les pièces trop vastes pour lui, et trop imposantes, il préféra loger dans la maisonnette qu'il aménagea à son goût, c'est-à-dire avec trois fois rien : une courte table, un lit, un fourneau, un buffet qui aurait pu servir de nichoir dans le poulailler, et trois chaises célibataires.

Ce fut là, dans ce décor dépareillé, à bonne distance de la grande maison aux volets pleins, qu'il passa l'été le plus inoffensif de son existence. Il parlait peu, mangeait de grands morceaux de pain avec des oignons quand venait midi, ne se confiait à personne. Mais quelquefois, à l'heure chaude, il allait d'une cour à l'autre en fumant un petit cigare, et, s'il croisait un garçon un peu éveillé, il lui demandait de compter les poules pour lui ou de lui dire combien il y avait de grains dans une poignée.

Il ne remplaça pas le métayer et prétendit diriger lui-même le mas. Mais il n'était ni ordonné ni prévoyant, il montrait peu de suite dans ses projets et se révéla aussi incapable de distribuer la tâche aux équipes que d'en contrôler les résultats. En quelques mois, la propriété déclina. Les travaux prirent du retard et les récoltes s'en ressentirent. Il participa lui-même aux vendanges comme porteur et prouva une fois de plus la puissance de ses reins, mais le raisin avait coulé et le vin n'atteignit que huit degrés neuf.

Au moment de payer les hommes, Salem demanda conseil à un voisin nommé Esprit qui possédait une petite exploitation près du Vidourle. Il eut de la chance, car c'était un homme probe et réfléchi qui croyait à la bonté universelle comme le soldat assiégé croit au renfort, alors même qu'il est perdu. Sauf que les ennemis d'Esprit n'étaient ni des démons ni des hommes, c'étaient l'araignée rouge et le mildiou contre lesquels il luttait avec du sulfate et du soufre.

Esprit demanda à voir les comptes qui n'étaient plus tenus depuis des mois, puis il fit le tour du domaine, constata le délabrement des clôtures, les canaux d'irrigation abandonnés, les vergers malades, l'herbe qui poussait jusque dans les vignes. Cet examen lui prit deux jours pleins, et encore remit-il à plus tard la visite des bâtiments, l'inspection des chevaux et du matériel. Pendant qu'il courait d'un lieu à un autre, sans dire un mot mais en notant des hiéroglyphes sur un calepin, Salomon l'observait intensément et une pensée délirante le tourmentait et l'illuminait à la fois, au point de devenir au fil des heures sa seule préoccupation.

Esprit était de petite taille, aussi sec qu'un noyau, avec un visage maigre et hâlé dont les pommettes très saillantes portaient de fines craquelures comme le vernis d'un vieux pot. Salem, en l'examinant de côté, se persuada qu'il avait affaire à son camarade ressuscité et n'en fut qu'à moitié surpris. Puisque le moine continuait de le visiter en rêve, pourquoi ne reviendrait-il pas d'entre les morts lui prêter main-forte ? Après quelques allusions qui ne furent pas relevées, il comprit que la discrétion était nécessaire dans ces cas-là et ne dit plus rien. Mais le soir, au moment où le vigneron retournait chez lui, il lui proposa la responsabilité du domaine.

— Pour diriger le mas, il faut y habiter, observa Esprit sans dire ni oui ni non.

— Ce n'est pas la place qui manque, dit Salomon.

— Vous avez vu l'état des bâtiments ? Presque toutes les toitures sont à refaire. Bientôt ce n'est pas un mas que vous posséderez, mais un tas de pierres.

— Je n'ai pas d'argent pour les travaux.

— La moitié des terrains que vous possédez ne rapportent rien, et ils coûtent à entretenir.

— C'est possible.

— Vendez-les pour payer les réparations indispensables. À cette condition, je suis votre homme.

— D'accord.

Cette fois, Salomon dut abandonner la maisonnette au métayer qui s'y installa avec son épouse Carmen et leur fille unique. Après deux nuits d'hésitation (où il dormit, m'a dit Nino,

dans le pressoir), il aménagea deux chambres en
enfilade à l'étage de la bâtisse et en fit son loge-
ment. Maintenant qu'il avait un bayle de
confiance, il cessa de vouloir tout régenter et se
contenta d'accompagner Esprit dans les champs
quand le temps pressait ou que le ciel devenait
menaçant.

L'entente des deux hommes fut sans nuages
pendant des mois. Ce n'était pas de l'amitié. Ni
de la camaraderie. C'était un accord fondé sur
l'admiration que Salem avait pour un homme en
qui revivait son mentor, et sur la volonté du
vigneron de se montrer à la hauteur d'un emploi
qui tombait du ciel.

Une fois pourtant, une brouille éclata entre
eux, aussi soudaine que ces averses blanches
d'avril qui surgissent dans un ciel bleu et vous
trempent la chemise avant que vous n'ayez le
temps de vous garer.

C'était à la fin de la journée, dans ce moment
d'apaisement qui précède de peu la nuit. La
petite Dolorès jouait avec une corde à sauter
dans la cour. Tout en sirotant un quina de sa
propre fabrication, Esprit attendait l'heure du
dîner, qu'on nomme souper dans le Sud. Lui qui
ne s'était jamais permis la moindre observation
sur la vie privée de Salem ou sur la sienne, car il
ne mélangeait pas le travail et les sentiments,
Dieu sait ce qui lui passa par la tête à cet instant,
sous l'effet de l'apéritif ou du malaise que faisait
naître en lui, de plus en plus, la solitude physique
de son patron.

– Quel dommage, dit-il soudain, que vous n'ayez pas de famille.

– Pourquoi ? demanda Salem qui ne s'attendait guère à cette remarque.

– Vous seriez moins seul.

Salomon ne répondit pas. Je suppose que la phrase du métayer n'avait pas de sens pour lui. Il ne souffrait pas d'être seul et ne rêvait donc pas de l'être moins.

– Si vous aviez un enfant à élever, reprenait Esprit, vous auriez un but dans la vie.

La cour s'emplissait lentement, insensiblement, du coton épars de la nuit. Les étoiles n'étaient pas encore visibles. C'était ce moment de bascule de la journée où un plateau s'élève doucement alors que l'autre se délite dans l'inconnu. Salem posa son verre de quina et regarda Esprit qui réfléchissait. Était-il en veine de confidence, ce soir-là ? Fut-il inspiré par la ressemblance du vigneron et de son ami ? Éprouva-t-il quelque remords ? Ou se laissa-t-il emporter par un sentiment (la compassion) dont il n'avait rien su jusque-là ? Je crois plutôt qu'un souvenir qu'il avait écarté s'imposa à lui, qu'une action à laquelle il ne pensait plus le hanta soudain.

En tout cas, il déclara d'un trait presque sans desserrer les lèvres :

– J'en ai un.

– Qu'est-ce que vous dites ?

– J'ai un enfant.

– Mais où est-il ?

– À Nîmes, chez les bonnes sœurs.

À cet instant, Carmen apporta le repas sur un

plateau, comme elle faisait tous les soirs. Esprit se leva et partit sans dire un mot. Salem resta seul devant son assiette fumante. Il avait toujours mangé peu, vite et n'importe quoi. Si le plat était trop salé, il buvait un verre de plus. S'il manquait de poivre ou de sel, il l'avalait sans grimacer. Mais ce soir-là, déconcerté par la réprobation muette d'Esprit, il ne toucha pas au ragoût et se contenta de fumer ses petits cigares tard dans la nuit.

Il partit à la pointe du jour le lendemain et plusieurs semaines passèrent. Je suppose qu'il lui fallut tout ce temps pour récupérer l'enfant que les sœurs espéraient garder. Carmen, qui s'inquiétait de son absence, rêva qu'il s'était noyé dans le Vidourle et voulut avertir la gendarmerie, mais Esprit haussait les épaules et, sur un ton presque biblique, prédisait le retour glorieux de Salomon.

Effectivement, un dimanche après-midi, sous une pluie fine, l'autocar qui va à Sommières déposa au portail un père et son fils, aussi hébétés l'un que l'autre. À la façon des portefaix, Salem avait suspendu à son dos par une corde une humble valise et il engloutissait dans sa main unique la petite main de l'enfant dont il faut désormais connaître le nom. Nino. Nino Salomon. Plus tard, quand il sera peintre, il signera ses toiles de ses initiales, et plus tard encore, dans son orgueil, il ne les signera plus, car on ne peut confondre son œuvre avec aucune autre, pensera-t-il, vu qu'il est le seul peintre de paons au monde.

Pour l'instant, Nino est un petit garçon silencieux qui n'a jamais tenu de pinceau dans ses petits doigts et il n'y a que Salem pour pressentir de lointains couchers de soleils dans ses gribouillis au crayon rouge.

Nino – je le sais parce qu'il me l'a dit bien des fois – a aimé le mas tout de suite. Les trois cours. Les hauts bâtiments. Les portes immenses. La poussière beige des murs qui laisse sur le bout des doigts un fin capuchon au goût âpre. Les volets qui claquent toute la nuit si on a oublié d'abaisser le crochet de fer. Et le cri des coqs le matin. Le tintement des seaux et des outils. Les mulets qui soufflent derrière un mur sans qu'on sache vraiment pourquoi. Les mésanges qui se poursuivent. Les oies affolées par un chien, qui s'envoleraient vers le Nord si elles pouvaient, et qui n'arrivent plus à se calmer, même après qu'on a chassé l'intrus en forçant la voix. Et il y a surtout les odeurs. Toutes les odeurs. Les douces, les âcres, les froides, les recuites, les vinaigrées. Celle de la pâtée de son et des épluchures qu'on donne aux poules. Celle des tonneaux et des cuves qui fait tourner la tête quand on la respire longtemps. Celle des charrettes chargées de paille et des grandes pastières mauves pleines de grappes. Celles qui croupissent, qui stagnent, qui durent et qu'on retrouve quand on veut, en entrant dans les écuries ou en s'approchant des lisiers. Et celles qui passent au loin comme des voyageuses pressées, vêtues de pétales blancs, de pollen blond et d'une ceinture de miel, que le vent disloque et emporte d'un coin de la cour à un autre, selon des lois ou des caprices dont personne n'est au courant. Arômes. Fragrances.

Fumets. Parfums. Remugles. Puanteur de toutes les bêtes mouillées, des chiens sous la pluie, des chevaux suants, des moutons que l'averse dérange à peine. Senteurs des troènes verts, des figues laiteuses, de la pellicule du lait qui a refroidi, des nèfles sur l'arbre, des brassées de fleurs des champs, et de la lavande dans les tabliers, des pêches mûres, des iris au fond de la cour.

Ce que Nino découvre en quelques jours, c'est un monde plus grand que lui, dont il ne peut faire le tour avec ses jambes, ses mains, ses désirs. Il faudrait avoir d'autres sens ou des sens moins encombrés et plus attentifs ; pouvoir observer, happer, tâter, renifler, entendre, goûter, retenir en même temps des milliers de choses diverses ; avoir l'odorat du renard, l'œil à deux foyers du faucon, l'écoute de la chouette qui distingue le couinement d'une souris au milieu d'un champ, la vélocité de la mouche ou du martinet, l'intelligence de la vieille chauve-souris. Il faudrait être un monstre pour tout dire – et un monstre heureux, s.v.p.

Ce que l'enfant ne sait pas, ce qu'il n'imagine pas, c'est qu'il deviendra un monstre avec le temps, pas celui dont il a rêvé, mais un autre plus exigeant qui portera le deuil de toutes les bêtes qu'on doit trahir pour être soi. Faute d'avoir pu abonder dans tous les sens, il sacrifiera la jouissance et les plaisirs à la perception d'un détail sur lequel personne, jamais, ne l'égalera. À ce prix, il sera le fils de ses œuvres : l'homme qui peignait les paons comme si c'était l'univers.

Pour en arriver là, il faudra des années, des

tourments, des erreurs, des désillusions et la mort de son père sur laquelle je reviendrai. Nino apprendra à ne pas s'écarter, ou très peu, de ce monde sans clés ni barreaux dans lequel, tout enfant, il pénètre si aisément. Il y consumera son existence jour après jour sans chercher ailleurs son salut comme ces aventuriers partis conquérir l'ivoire, l'or ou le jade, qui découvrent un territoire vierge sur la planète et ne peuvent plus le quitter, même s'ils déclarent à tout propos qu'ils vont bientôt plier bagage et rentrer chez eux par la route des océans. Et, tandis que leurs parents de l'Ancien Monde les tiennent pour morts, les années passent comme des journées, et les jours s'enchaînent les uns aux autres jusqu'au moment où il est trop tard pour repartir.

Maintenant Nino va en classe à Sommières avec Dolorès. C'est Salem qui les conduit en charrette de bon matin et qui les ramène le soir. Je le vois, assis à côté des enfants, serrant les rênes de cuir lisse et le fouet à manche de cornouiller dans les doigts puissants de sa seule main, ou les posant vite sur ses genoux pour tourner la manivelle du frein dans la longue descente vers Solis. Je ne possède aucune photographie de ces instants, et je le regrette. Nino prétend qu'un souvenir flou vaut mieux qu'une image de soi trop précise, qu'il n'aimerait pas se revoir en culottes courtes entre l'Espagnole blonde et le manchot, qu'il ne le supporterait pas. Car le passé n'est tolérable, répète-t-il, que s'il est tenu à distance par la mémoire et filtré par elle.

Quand Nino a appris à lire, au bout de six mois – pour Salem, quel événement ! – le Grand Bouquaud lui paraît encore plus grand. C'est qu'il doit y loger toutes ces choses que les mots décrivent sans qu'on les voie et qui sont de loin les plus nombreuses : les lombrics qui voyagent sous terre sans s'étouffer, les têtards au fond de l'étang vert-de-gris, la montée des sèves dans l'amandier qu'on croyait mort, et la vie secrète des ruches, des gîtes, des nids, des catiches, des fourmilières.

Tous les soirs, quand il a fini de jouer avec Dolorès et qu'il a trempé les tartines de son repas dans un bol de café au lait, Nino, avant d'aller dormir, prend le livre qu'il a emprunté à l'école pour la semaine et il lit une histoire à son père qui l'écoute au pied du lit, le visage tendu par l'effort.

Les premiers temps, Salem est surpris par la science de l'enfant. Il en est stupidement fier, et aussi un peu agacé et presque jaloux. Mais à mesure que l'écolier déchiffre mieux, les récits deviennent plus riches, moins familiers. Ils sont tissés de compassions, de pensées et de sentiments inconnus, et devant ce monde nouveau, découvert si tard, Salem ressent pour la première fois une tristesse qui n'a pas encore de nom.

Un jour Nino lut à son père un conte qui s'appelait, croit-il, *La Huppe d'or* : l'histoire d'un frère et d'une sœur qui aperçoivent dans une prairie un oiseau à aigrette dorée, parcourent le monde pour le revoir, parviennent à le capturer mais finissent par lui rendre sa liberté, car c'est à ce prix seulement qu'ils pourront retourner chez eux. Or, dans un des chapitres, les enfants arrivent dans la grande cour d'un château, et le jeune lecteur buta sur un mot qu'il n'avait jamais rencontré.

Dans le parc du château, tout autour de la princesse, on apercevait les plus beaux pa-ons du monde.

– Dis, papa, c'est quoi les pa-ons ?
– Les pa-ons ?

Dans aucune de ses cinq vies, d'orphelin, d'ouvrier, de soldat, de gangster infirme et de patron, Salem n'avait entendu un tel mot. Qu'est-ce que ça pouvait bien être ? Des poulains ? Des coquelicots ? Une sorte de tournesol ? L'enfant interrogea sa maîtresse qui lui indiqua la prononciation juste et lui montra dans le livre illustré l'image flamboyante de l'oiseau faisant la roue.

Le soir même, Nino fit part de la découverte à son père et la phrase incompréhensible s'éclaira pour tous les deux.

Dans le parc du château, tout autour de la princesse, on apercevait les plus beaux paons du monde.

Cette nuit-là, après que l'enfant fut couché, Salem resta plusieurs heures sur la terrasse à regarder les étoiles qui palpitaient silencieusement comme des braises qu'on remue au fond d'un seau. Il ne pensait à rien, ne sentait rien, n'avait pas de regret des jours enfuis, pas d'attente du lendemain. Un homme tombé dans le temps, dispensé de laisser une œuvre. Mais toutes ces lueurs dans le ciel dérivaient au-dessus de la masse sombre des arbres. Et, tandis qu'il fumait en clignant les yeux et que le temps s'écoulait par courtes bouffées, dans le noir qui était en lui depuis toujours, une luminosité du même ordre que les pulsations de la nuit cherchait son chemin en silence, sa navigation éblouie. Ce n'était pas une espérance, il n'en avait pas, c'était un désir. Mais lequel ? Il ferma les yeux un instant et se rappela sa première vision de la mer, au Grau-du-Roi, son étonnement de gamin devant la mer que personne n'a inventée et sa haine immédiate du large. Non, ce n'était pas cela, son désir. Il avait fait fausse route. Ce qu'il voulait, c'était répondre à la question qui s'imposait à lui maintenant. Pourquoi je ne me pends pas tout de suite au grand peuplier qui miroite sous les étoiles ? Pourquoi suis-je ici en train de fumer dans le noir et de me poser des questions quand je pourrais partager le repos de mon ami ? Comme si elle avait dû traverser toute sa vie pour lui parvenir, la réponse lui arriva avec retard, après cinq ou six heures de sommeil sur la terrasse, juste avant le tapage des coqs. Je ne me pendrai pas parce que l'enfant que j'ai fait venir ici attend quelque chose de moi. Mais quoi ? Qu'est-ce que je pourrais lui donner ? Tout à la joie de cette question si nouvelle, il se leva, engourdi par le froid de l'aube, alla se laver à grande eau sous la pompe comme il le faisait chaque jour, passa un habit propre dans sa chambre, glissa quelques billets dans sa ceinture et partit acheter un couple de paons au marché.

Il n'en trouva ni à Sommières, ni à Montpellier, ni à Nîmes. À la foire des volailles d'Arles, il remarqua un oiseleur qui vendait des canaris dans des cages rectangulaires. Le jeune homme était petit, gras et sautillant, il imitait à la perfection ses protégés et ressemblait lui-même à un gros poussin effronté et plein de malice.

– Des canaris plus beaux que les miens, vous n'en verrez pas au Quai des oiseaux à Paris, dit-il à Salem qui rôdait autour des cages. Ils chantent du matin au soir.

– Ce n'est pas ce que je cherche, dit Salomon.

– Alors prenez un couple de perruches. Elles sont nées au Venezuela. Avec de la patience, vous pourrez leur apprendre des mots d'amour. Pas vrai, mes jolies ?

– Si, senõr, déclara une intéressée.

– Claro ! appuya une autre.

(D'autres soirs, quand il avait forcé sur l'alcool blanc, le peintre n'hésitait pas à soutenir que les perruches du marchand avaient déclaré au vieux Salem : Yo te quiero, et Bésame mucho, allégations que je crois inutiles de traduire, car elles ne reposent sur rien.)

– Je veux acheter des paons, dit Salomon. Vous en avez des fois ?

L'oiseleur émit un sifflement admiratif qui jeta la consternation dans les cages. Puis il regarda Salem en dessous :

– Vous n'avez pas peur du diable, monsieur ?

– Moi ?

– Ah ! ce sont de beaux oiseaux, je ne dis pas. Surtout les mâles. Mais écoutez-les et vous entendrez le démon.

Pour le marchand, l'affaire était jugée. Il oublia Salem et se tourna vers une grosse dame de Vauvert qui portait le deuil d'un serin mangé par son chat. Salomon traîna dans la foire jusqu'à midi. Lorsque le moment arriva de ranger les invendus, l'oiseleur aperçut le manchot qui fumait, adossé à la camionnette.

– Ce sont toujours les paons qui vous intéressent, monsieur ? Ils sont assez rares en Provence. Ce n'est pas la tradition.

Salomon se rapprocha du marchand qu'il dominait de sa haute stature. Avec son court cigare planté dans la bouche et ses yeux inexpressifs, il avait l'air d'un gangster. Le jeune homme jeta une couverture sur les cages et referma les portières.

– Je connais une ferme où on en élève. Mais c'est loin d'ici.

– Où ?

– Près du village de ma mère, en Italie. San Pietro dei Cavalieri. Un très bel endroit. Tenez, je vous écris l'adresse sur ce carton.

– Je ne sais pas lire.

– Vous la montrerez et les gens vous y conduiront.

– Et je ramènerai les paons, comment ? Vous avez une automobile, vous. Accompagnez-moi. Je vous paierai le voyage.

Voilà comment, un mois plus tard, quand il eut obtenu un passeport de la préfecture de Nîmes, Salem se retrouva sur la route de l'Italie, dans la camionnette de l'oiseleur, un certain François

Fiorentino qui se fit appeler Francesco, dès qu'il eut passé Vintimille.

C'était le premier long voyage que Salomon faisait depuis la guerre et ce fut aussi le dernier de son existence terrestre. Assis à la place du mort, un panier de nourriture sur les genoux, une cruche de Costières entre les pieds, il garda ses petits yeux secs fixés sur la route avec la tension d'esprit du guetteur qui surveille les tranchées de l'ennemi. À chaque tournant, il croyait être arrivé et glissait la main à la ceinture pour saisir le rouleau de ses billets neufs, qu'il portait contre le ventre, dans l'étui de son couteau.

Le voyant si nerveux et si renfermé, François, qui était un philosophe à sa manière, comme beaucoup de gros mangeurs, lui expliqua que le voyage serait long, que rien ne pressait, qu'ils auraient l'occasion de faire de nombreuses haltes gastronomiques. « La vie est un festin qui doit être goûté pour lui-même, sans chipoter ni attendre le plat suivant, expliqua-t-il à son passager. Ainsi, le moment venu de régler l'addition, on quitte la table sans le remords d'avoir repoussé le meilleur au bord de l'assiette. »

Que ce fût un effet de cette philosophie ou l'odeur de fiente de canari qui imprégnait plus fort la cabine du véhicule lorsque la chaleur s'élevait, il est prouvé que le vieux Salem (qui n'était pas si vieux que ça) finit par s'abandonner à la sensation du voyage et laissa son regard errer sur l'étang de Berre qui miroitait dans le soleil comme un fond de pelle neuve. Quand la camionnette arriva dans l'Estérel, il commença de se détendre et de sourire à l'aventure. Alors

les collines de terre rouge, le ciel intact, les premiers bois de mimosas dominant la mer et les
payages en fuite continuelle se frayèrent un
étroit chemin bariolé vers son cerveau qui
connut pour une fois l'étonnement. Et y prit
plaisir.

Au poste-frontière, Francesco demanda à
Salomon de jouer le sourd et de ne s'occuper de
rien ; et il tendit lui-même les deux passeports
aux douaniers de la péninsule, avec un billet plié
dans chacun, comme il se doit. Ensuite, sous
d'immenses affiches rouges et vertes, qui mon-
traient le Chef soumettant le troupeau à sa main
levée, ce fut l'entrée au pays de Mussolini, la
nouvelle Rome, ordre et volonté, l'Empire athlé-
tique et monumental fondé sur la supériorité de
la Race et du carton-pâte. Ici, pas de corruption,
pas de faiblesse. *Bersagliere tutta la vita*, disaient
les panneaux que Salem ne savait pas lire et que
Francesco lui traduisait.

Cependant les deux hommes s'arrêtèrent dans
un bois pour finir les petits pâtés que Carmen
avait préparés. Salomon s'étendit sous un olivier
et rêva que son bras droit lui était revenu, et que
ce bras neuf de jeune homme saluait le peuple
tout seul comme le Guide à son balcon.

À son réveil, il vit que c'était l'heure chaude,
pas encore le bon du jour. Ses yeux, que les pous-
sières de la route avaient desséchés, lui faisaient
mal comme si des épines s'y étaient logées.
Retrouvant ses routines de vagabond, il chercha
un ruisseau pour les laver, ne découvrit qu'un
peu d'eau morte dans un creux de roche et s'en
contenta. Tout en mouillant ses paupières brû-

lantes, il pensa qu'il était enfin arrivé au pays des paons et qu'il apercevrait peut-être, au milieu d'une prairie, la huppe d'or, l'oiseau qui n'existe qu'au loin.

Il revint vers la camionnette rangée à mi-pente. Dans la cabine surchauffée, l'oiseleur s'était assoupi, la tête contre le volant. Pour le laisser dormir en paix, Salomon alluma un petit cigare.

Le voyage continua, avec des arrêts plus fréquents parce que le moteur fatiguait. Dans un village dont j'ai oublié le nom, Salem acheta, sur les conseils de Francesco, le chapeau noir des Piémontais et de larges lunettes vertes qui ajoutèrent à sa face dure et osseuse une redoutable bonhomie de vieux parrain. Le premier soir, les deux hommes s'accommodèrent d'une cabane de charbonnier, sur un brûlis.

Ils arrivèrent le dimanche des Rameaux à San Pietro dei Cavalieri, un village de la taille de Solignargues. Francesco le traversa sans ralentir, contourna la place du marché, presque déserte à l'heure du repas, et se dirigea vers la ferme qu'il connaissait. C'était un bâtiment à flanc de colline, en partie dissimulé par un rideau d'arbres. Devant la maison, sur un terre-plein ombragé, une petite foule banquetait en l'honneur de Pâques fleuries.

Francesco joua la grande scène du retour du fils prodigue ; et ce furent des larmes de joie, des libations et des embrassades sans fin. Avec son bras unique, ses lunettes vertes et son feutre noir,

Salomon impressionna les villageois qui n'avaient jamais vu de près un géant. Le jeune homme le présenta comme un châtelain fortuné qui voyageait pour enrichir les volières de son manoir. Salem, qui ne comprenait pas l'italien, s'étonnait d'être l'objet de toutes les sollicitudes, de tous les regards. À coup sûr, s'il avait voulu prendre une épouse, il n'aurait pas eu à passer par le crieur, puisque trois veuves, une fille, sa mère et sa mère-grand lui firent d'honnêtes mais claires propositions, dans le langage des yeux doux, qui est universel. Pour le voyageur ébahi, c'était une expérience très nouvelle, presque une seconde jeunesse.

Après le café, alors que Francesco s'était endormi sur sa chaise, le fermier prit Salem par le bras et le conduisit à l'arrière de la maison. Il y avait là une prairie avec quelques ormes très vieux d'où tombaient, un peu de guingois, de grands cercles d'ombre. Entre les cercles qui ne se recoupaient pas, Salomon aperçut l'enchevêtrement somptueux d'une quarantaine de paons figés dans une immobilité d'ostensoirs. Il resta près d'une heure à les regarder, sans dire un mot ni tirer sur son cigare qui s'éteignait. Peut-être existe-t-il une contagion de l'extase. Peut-être est-il donné à quelques-uns d'entrer dans le monde interdit où les dieux circulent sans nous. Peut-être que le silence des sensations ouvre à certaines âmes en friche les grilles de la connaissance, que les peintres et les poètes tentent de déverrouiller avec d'autres clés.

Le fermier laissa le Français jouir du spectacle des oiseaux autant qu'il voulut. Après tout, cet envoûtement était de bon augure pour la vente. Mais quand la troupe se remit en marche dans la prairie, et que le manchot se ranima, il lui fit comprendre par gestes que les paons étaient à lui s'il le voulait, il n'avait qu'à faire son choix.

Deux garçons qu'on alla chercher en renfort capturèrent les plus belles pièces. L'oiseleur en désigna sept que Salem paya trois fois leur prix sans barguigner et qu'on enferma dans des caisses remplies de paille au fond de la camionnette. Pour atténuer l'angoisse des volatiles que le changement terrifie, le voyage de retour se fit de nuit.

L'installation des paons au Grand Bouquaud établit la gloire de Salomon et fit oublier l'origine douteuse de sa fortune. La vie du mas fut transformée. On réserva la deuxième cour, appelée la cour du milieu, au passage des chevaux et du matériel. On bannit les chiens et les chats. Il fallut parquer les oies, les canards et les poules noires dans un enclos, à l'extérieur des bâtiments, tandis que le vieux pigeonnier, vidé de ses locataires pouilleux, chaulé de frais et considérablement élargi, accueillit les hôtes de marque. Les enfants de l'école de Solignargues, accompagnés par leur maîtresse, furent autorisés à contempler de loin la merveille et à prendre des notes sur leurs cahiers pour leurs futures rédactions. Nino était parmi eux, les yeux brillants d'enthousiasme, répétant à l'envi que les sept paons étaient à lui et leur distribuant de petits noms : Gloriette. Joujou. Mikado. Tonkin. Huppe d'or. Bouriffe. Empereur.

Les premiers temps, le garçon n'était guère rassuré par les mouvements soudains de la troupe qui s'embrasait comme une comète à son approche. Puis il s'habitua au bruissement souple des ailes, aux trépignements, aux paniques inexpliquées, au cri affreux qui a donné à l'oiseau indien sa réputation démoniaque.

Ce fut pour le père et le fils une époque de pur bonheur. Et le bonheur tient toujours plus ou moins de la légende. Des hommes passent sur la terre sans laisser d'autres dons que les traces de leur bêtise. Les plus vaillants entretiennent nos cauchemars. Salomon s'égala aux rois fondateurs : il légua à ses héritiers un objet d'émerveillement.

Un jour Salem Salomon se leva une heure avant l'aube, se rafraîchit le front et les joues sous le jet glacé de la pompe, réchauffa le café de la veille et passa le vieux veston de toile bleue qu'il mettait pour aller chasser. Mais il ne prit pas de fusil. Marchant sans bruit comme le voleur qu'il avait été, il traversa le mas si discrètement que les paons continuèrent de dormir sur la crête grise du toit, et qu'Esprit, qui avait le sommeil léger des anxieux, ne se rendit compte de rien.

C'était le début de l'été. Depuis juin, il avait fait chaud tous les jours, et les nuits n'apportaient que peu de fraîcheur. Comme on avait coupé les foins toute la semaine, une odeur de paillasse éventrée circulait dans l'air tiède, venant des granges. Elle déclencha les quintes d'un journalier qui dormait dans un des bâtiments de la deuxième cour. Salem, écoutant la toux, se rappela son bienfaiteur en capuchon, l'homme à qui il était redevable de presque tout, à commencer par la fierté, à ses yeux plus essentielle que la fortune. Il mesura confusément le chemin parcouru depuis ses années de jeunesse. Il ne comprenait plus maintenant (et souvent l'avait oublié) ce qu'il avait fait ou voulu, pourquoi il avait accompli telle action plutôt que telle autre, et comment il avait tenu bon sous le joug des contraintes perpétuelles. Son passé lui parut plus chaotique et plus incertain que l'avenir. Avait-il choisi son chemin ? Bien sûr que non. C'était le vent et la nuit qui avaient décidé. C'était la faim. C'était la pluie. C'étaient les animaux.

La toux s'était arrêtée maintenant. Il se dit, je parlerai à cet homme dans la journée. Pour lui dire quoi ? Il n'en savait rien. Pour voir son visage peut-être. Vraiment, il était bien résolu à le rencontrer. Mais il oublia.

À l'époque, il n'y avait que les peupliers qui fermaient la troisième cour – le mur, c'est Nino qui l'a fait construire pour être à l'abri des regards. Salem se faufila entre les troncs et s'éloigna à grands pas dans la campagne. Spontanément, il tourna le dos au Vidourle qui s'étalait sournoisement derrière un bosquet et il partit vers les lointaines collines de chênes-verts par des chemins montants de caillasse où la nuit, plus dense qu'ailleurs, se pelotonnait. Je suppose que son instinct de vagabond s'était réveillé et qu'il prit plaisir, ce jour-là, à renouer avec les hasards de la marche, ses trouvailles humbles, ses rencontres sans lendemain.

À la sortie d'une olivette à l'abandon, qui avait fait partie autrefois du Grand Bouquaud, il repéra, de l'autre côté d'un ravin, un jeune renard qui revenait d'une chasse sans témoin, le ventre gavé de souris et l'œil satisfait. Les deux ennemis de toujours, l'animal debout et le carnassier solitaire, se mesurèrent de loin en silence, puis ils comprirent qu'ils ne pouvaient rien l'un pour l'autre, que la fatalité les séparait plus que l'espace, et chacun reprit sa route.

Maintenant le jour s'annonçait par des lueurs de flamants roses sur la Camargue. Les premiers coqs se réveillaient. Dans les régions du ciel tenues par la nuit, les étoiles n'avaient pas encore pâli. Salem regretta de ne pas avoir pris un cigare qu'il aurait fumé debout, au milieu d'un champ, face à tout.

L'idée lui vint de se rendre dans une vigne où il avait trimé autrefois. C'était une curiosité confuse, une envie de sentir l'odeur des jeunes feuilles sous la rosée et de poser sa vieille poigne sur les ceps qu'il avait taillés dans sa jeunesse. Après avoir marché longtemps dans la garrigue sans retrouver le vignoble, il renonça à son projet et s'en retourna d'un pas vif, car l'heure pressait. Il devait réveiller Nino et le conduire à l'école.

Près d'une ferme dont le portail était ouvert, un gros chien se jeta sur lui. Il l'arrêta avec la main comme il avait toujours su faire et, de la pointe du soulier, en un seul coup, lui brisa le dos. Les cris de la bête estropiée s'entendirent de Solignargues. Comme le ciel s'éclaircissait au bout du chemin, il constata qu'il avait été mordu au bras profondément et que le sang s'égouttait avec abondance sur ses chaussures. Il ramassa quelques herbes qu'il connaissait, les posa sur son genou et comprima la plaie sur ce tampon.

Quand il arriva au mas, la dernière étoile du ciel avait disparu, le soleil derrière le fleuve, sans avoir encore embrasé le cercle de l'horizon, dispersait au-dessus des eaux des coupoles de brouillard rose. Au léger déclic du portail, la troupe des paons s'effaroucha et prit son essor dans un friselis d'éventail où dominèrent tour à tour le doré, le bleu et le véronèse.

Salem réveilla son fils et lui prépara du lait chaud avec des tartines de pain, puis il alla sortir le cheval et la carriole comme il le faisait tous les jours. Esprit, qui était levé depuis longtemps, remarqua des taches de sang sur le mur et s'en inquiéta. Salomon lui raconta la mésaventure du chien et l'affaire fut classée. Sur la route de Sommières, Nino et Dolorès, encore à moitié endormis, se récitèrent leurs leçons.

Le jour suivant, comme la blessure saignait encore, Salem se fit appliquer des pansements de bouse sèche et il eut recours à des comptines de journaliers dont l'efficacité, comme toute superstition, est prouvée par l'usage depuis des siècles :

> *Coule, coule, sang mauvais !*
> *Ferme, ferme, bonne plaie !*

Une journée finit, puis encore une autre. D'heure en heure, l'infection se propageait à travers le corps, silencieuse et sournoise. Salem trouvait un goût de mastic au tabac. Il n'avait plus faim, somnolait du matin au soir et n'arrivait pas à dormir. Regardant le ciel à midi, il voyait des taches brunes qui se déplaçaient tantôt d'un côté, tantôt de l'autre. Des nuages venus des quatre directions, qui filaient vers un trou au centre du ciel, il n'en avait encore jamais vu dans toutes ses vies. Il annonça l'orage qui montait au métayer, il fallait rentrer les bêtes, enfermer les paons, mettre les barres de fer à l'écurie, boucher avec des planches tous les vides par où le cyclone pourrait s'engouffrer. Or le ciel était d'un bleu sans nuages, une journée de paradis. Esprit se persuada que son patron avait bu dans la matinée, il ne fit pas le lien entre la morsure et les hallucinations. Après la sieste, il partit aux champs, l'âme en paix.

Salem sentait en lui la présence d'une bête chaude et fantasque. Il ne comprenait pas que c'était la fièvre. Le mot septicémie lui était inconnu. Cependant, d'une région lointaine de son passé, du fond de cet hiver où gisent les souvenirs lui parvint une sensation forte et précise. Il était soldat, couché sur un lit, emmailloté dans des draps rouges. À la place de son bras, qu'un obus avait arraché, des flammes dansaient et hurlaient. Puis la grande douleur avait pris fin. Au bord d'un cercle qui tournoyait, il avait vu un ravin peuplé de renards. Tous levèrent vers lui leurs museaux encore sanglants. « Bonne chance, glapissaient-ils, nous t'attendons là où tu sais, au jour prévu. »

Une nuit, l'enfant qui dormait dans une pièce mitoyenne de la chambre de son père fut réveillé par un bruit qui se répétait à intervalles. Dans son demi-sommeil, il avait songé d'abord à la pluie crépitant sur de la tôle, ou à des branches mortes brisées, poussées çà et là par le vent, et

raclant un mur. À présent qu'il écoutait avec
attention, il lui semblait que le grincement provenait de la vieille pompe de fonte dont on se servait pour alimenter le bassin. Mais qui avait
besoin d'eau fraîche à cette heure ? Quelque che-
mineau assoiffé, entré subrepticement dans le
mas qui n'était pas gardé par les chiens ? En
général, lorsque cette aventure se produisait,
Salem faisait servir le vin du domaine à l'intrus,
avec un fond de ragoût, et il autorisait le men-
diant à s'abriter dans une remise, mais jamais
plus de trois jours, selon la règle des pèlerins :

> *Bel hôtel et frais poisson*
> *en trois jours sont un poison.*

Nino alla à la fenêtre, entrouvrit les volets de
bois et regarda la cour déserte et silencieuse, sur
laquelle la lune en son entier déversait le lait
bleu de la Voie lactée. Il se dit qu'il avait rêvé et
revint se glisser sous le drap tiède.

C'est alors que le bruit recommença. Assis sur
le lit, Nino tendit l'oreille, écouta, chercha de
nouveau à comprendre, gagné par la peur. Non,
il s'était encore trompé, ce n'était pas un grincement, un raclement, un crépitement, même si le
bruit tenait des trois. Pas de doute, ce qu'il per-
cevait provenait d'une gorge humaine, c'était
Salem qui parlait derrière le mur, ou plutôt qui
jetait par saccades, avec frénésie, une succession
de mots rauques, dépourvus de sens. Nino se
releva, sortit dans le couloir sans faire de bruit et
alla écouter à la porte de l'autre chambre.

Le garçon ne devait jamais oublier ce qu'il

entendit à cet instant et ce qui arriva par la suite, dans un enchaînement d'actes incompatibles avec la retenue que son père montrait en toute occasion. Salem le réservé, le taciturne, qui n'avait jamais trahi un secret ni perdu son temps en palabres, débitait un discours-fleuve, composé de phrases sans suite et d'exclamations haletantes.

« C'est la statue de saint François, disait Salem. Regardez, elle a encore son bras... Et moi j'échange mes chaussures contre l'adjudant... Il n'a plus de tête et il tombe dans la tranchée... Il te faut guérir maintenant... Nous avons le gros paquet... Quand j'aurai un fils, je l'appellerai Nino comme toi... Il sera fort, il ne toussera jamais... Ah non, pas la mer !... Pas les chiens de la mer... Juste trois petites pièces dans un mouchoir... Adieu Salomon... Lave-toi... Mouche-toi... C'est pour toi que j'ai acheté les paons avec saint François... Bien sûr, il te faut aller vers le Sud... Toujours vers le Sud... Nino ! Nino ! »

L'enfant crut que son père l'avait appelé. Il tourna la poignée de la porte et regarda par l'entrebâillement. Dans la grande pièce éclairée par la pleine lune, Salem était assis au bord du lit, en chemise de toile grise, les jambes nues, le corps secoué de tics. Jamais il n'avait paru aussi maigre, aussi démesuré à l'enfant qui n'osait pas avancer.

– Entre et dépêche-toi, mon petit... On part vers le Sud... Je te montrerai l'Italie... C'est derrière le cimetière... Planter l'échelle sur les tombes porte malheur... Mais je l'ai fait... Les autres ont payé... Avec une corde, je soulèverai la statue, j'attraperai la huppe d'or... C'est elle qui connaît le nom de mon père... Le curé ne l'a jamais su !

Il s'était levé d'un bond, avait saisi son chapeau noir sur une chaise, l'enfonçait sur ses oreilles et se déclarait prêt à partir, que cela plût ou non au capitaine. Son visage en lame de serpe bougeait sans cesse et une salive blanche, écumeuse, souillait son menton.

– Tu ne peux pas sortir comme ça, dit l'enfant. Tu n'as pas de pantalon.

Mais déjà le vieil homme n'était plus en état d'écouter une remontrance. Les voix qui se pressaient en lui étaient trop nombreuses, trop exigeantes. Elles lui parvenaient de toutes les régions où son vagabondage l'avait conduit et l'occupaient entièrement. Debout, dans la clarté laiteuse de la chambre, avec les pans de sa chemise qui lui battaient les genoux, son visage rusé, agité de tressaillements, il apparut, sous son couvre-chef, comme un ogre de cauchemar, prêt à écarter les montagnes.

Voyant qu'il n'était pas en mesure de le retenir, Nino se précipita dans sa chambre, passa son pantalon et un chandail et rejoignit son père dans la cour. Il était encore temps de cogner aux volets de la maisonnette pour appeler Esprit en renfort, mais il pensa que ce serait une trahison. Il se porta au côté de l'homme qu'il aimait et qu'il admirait le plus au monde, et il lui donna la main.

À la grande surprise de l'enfant, Salem ne partit pas vers les coteaux, parsemés de bois et de vignes, le chemin qu'il avait toujours préféré, mais se dirigea d'un pas résolu vers le Vidourle, objet habituel de ses malédictions et de ses craintes. Il y avait alors, en amont de Solignargues, une minuscule grève de sable jaune où Esprit laissait à demeure une vieille barque à fond plat dont il se servait deux fois par an pour pêcher au fil de l'eau. Salomon détacha l'embarcation de son piquet et l'aventure commença.

Au début, la barque glissa difficilement, s'écartant à peine des rives. Accroupi sous le banc mouillé, Nino surveillait son père debout qui repoussait les arbres avec la rame comme on pourfend des ennemis. « Vous ne m'avez jamais fait peur, délirait-il. Cet or est à moi... Je l'ai gagné avec ma pince-monseigneur... Saint François vous le dira... Allez, montrez-vous... »

Quand la barque fut enfin sortie de la boucle d'eau immobile, ce « Grand Bouquaud » qui avait donné son premier nom au vieux domaine, une fine brise de nuit la lança dans le courant où elle prit de la vitesse. Salem, qui avait failli passer par-dessus bord, retomba assis à l'avant, le visage ruisselant de sueur mêlée de salive, au point que l'enfant crut qu'il avait plongé la tête dans l'eau. Maintenant le chapeau noir flottait à l'envers sur le fleuve, il s'en allait seul, sous la lune, sans pouvoir être rejoint, vers les falaises de Sainte-Crau qui sont si belles par temps clair. Ce qui s'éloigna avec lui ne pourra jamais être dit : je crois que c'était pour Salem le pays des paons.

Le jour des obsèques de Salem, des inconnus se présentèrent en deux voitures. Malgré la chaleur, ils portaient des costumes sombres et ils repoussaient de l'index leurs chapeaux de feutre comme on change le sort du monde. On pensa à d'anciens compagnons du défunt et des noms d'hommes dangereux circulèrent autour du cercueil. Cependant l'attitude des étrangers resta correcte et ils ne s'attardèrent pas après la cérémonie.

Le lendemain, la chaleur monta encore et vers trois heures de l'après-midi, alors qu'on enregistrait trente degrés sous les peupliers du Mas des paons, une femme du Grau-du-Roi, Marie-Jeanne L., profita de la torpeur pour enlever Nino dans une carriole. Elle fut rattrapée avant d'arriver à la mer, déclara que l'enfant était à elle et fut conduite par les gendarmes à la maison d'arrêt de Nîmes. Le lendemain, on la transféra dans un pavillon d'aliénés où elle continua d'avoir, par centaines, des enfants, garçons et filles, de presque toutes les célébrités de la planète, le roi Farouk, le duc de Windsor, l'Agha Khan, Fangio, Johnny Hodges, Khrouchtchev, Pie XII et Jerry Lewis.

De nouveau Nino fut placé à l'orphelinat où les bonnes sœurs se réjouirent de le revoir et lui offrirent un missel doré sur tranche et des gâteaux secs. Elles l'habillèrent de gris, le chaussèrent de noir, lui coupèrent ses longs cheveux et lui firent porter autour du bras un crêpe large comme un loup de carnaval pour que son deuil fût signalé de loin à ses compagnons. Ainsi s'abstiendraient-ils de rire ou de plaisanter devant lui et l'écarteraient-ils de leurs jeux. Car la souffrance est toujours une aubaine pour l'âme pieuse, rien ne doit être fait pour l'atténuer.

Après la liberté de Solignargues, le retour de l'enfant à la vie recluse, au milieu de camarades malveillants et de vierges folles, fut un assassinat masqué, un infanticide en douceur. Sans repère ni protection, il vécut dans un qui-vive perpétuel, cherchant en lui-même le réconfort que le monde lui refusait. Sa seule consolation, à ce qu'il m'a dit, fut le souvenir des heures passées avec Salem, dans la grande maison perdue – et l'illusion qu'un jour elles reviendraient.

Il se croyait abandonné de tous, mais ne l'était pas. Esprit et Carmen veillaient sur lui. Un dimanche sur deux, ils l'arrachaient aux murs de l'orphelinat et le promenaient autour des Arènes. Depuis la mort de Salomon, le couple avait décidé de prendre l'enfant en tutelle, un projet qui nous paraît de simple bon sens aujourd'hui, mais que l'administration contrecarra par tous les moyens jusqu'au jour où le métayer porta l'affaire en justice et eut gain de cause.

Le peintre m'a raconté une fois, avec les réticences qu'on imagine, son retour au Mas des paons où il fut reçu comme un fils. Pour le rassurer, on avait porté son lit, ses quelques jouets et ses livres dans la chambre de Dolorès. Au moment où il fit son entrée en carriole dans la grande cour, les paons qui formaient une frise bleue sur les tuiles de la maison s'envolèrent dans une panique lente et tumultueuse. Le ciel s'obscurcit, puis se colora autrement. Le temps s'inversa. Nino fut ramené en un soubresaut aux impressions les plus violentes de son enfance, désormais trop fortes pour lui. Il bascula par-dessus la carriole et sa tête donna contre la roue.

Il est vrai que rien n'avait bougé dans la grande ferme. Mais c'était justement ce qui rendait cruel le retour. Puisque tout était resté en l'état, pourquoi le maître des lieux se cachait-il ? Levant les yeux vers la chambre de son père, au-dessus du grand escalier, l'enfant s'attendait à voir les fenêtres s'ouvrir et le visage de Salem apparaître encore une fois.

En fait, si le mas n'avait pas changé, Nino était différent. Maintenant il semblait toujours inquiet, toujours aux aguets. Un petit garçon effrayé de tout qui se réveillait plusieurs fois par nuit en hurlant et se cachait dès le matin avec les poules de peur d'être enlevé. Il gardait un bon souvenir de l'école, mais refusait d'y retourner parce qu'il fallait quitter la maison. Esprit triompha de sa résistance en le conduisant lui-même jusqu'à la porte de la classe et en revenant le chercher.

Il lui fallut des semaines, des mois, pour s'accoutumer à l'attente, à l'absence, aux va-et-vient des ouvriers près de l'écurie, aux odeurs qui lui rappelaient le monde ancien, aux ombres qui grandissent ou s'amenuisent tout au long de la journée, sans que cesse la solitude. Je ne crois pas qu'il fut jamais quitte de sa terreur. Il la cacha, la recouvrit, lui assigna des moments et des lieux précis, en un mot la domestiqua. Quand il eut fini de dresser des lignes de sécurité entre son épouvante et lui, il sut qu'en deçà de la haie de troènes il était encore à l'abri, qu'au-delà du sixième peuplier commençaient les traquenards.

Il passa des après-midi à observer de précaires événements dont personne à part lui ne tenait compte : les convois de chenilles brunes le long d'un mur, l'élargissement d'une tache d'humidité sous une gouttière, le nombre et la disposition des points sur le dos chitineux des coccinelles. Il apprit à reconnaître les araignées à la diversité de leurs toiles tendues dans les herbes, et il fut le premier à découvrir sous quelle marche humide de l'escalier de la cave la famille scorpion avait ses aises. Tout ce qui était infime le fascinait, le rassurait. Un jour, il plongea la main dans le cœur vibrant d'un essaim suspendu à un taillis et il saisit entre deux doigts l'énorme reine sans être repoussé par ses compagnes. Une autre fois, alors qu'il faisait un devoir sur la terrasse avec Dolorès, un scarabée vint atterrir sur sa main et s'y réchauffa. Il y vit un signe que son père lui envoyait du pays des morts, à lui de le déchiffrer et d'y répondre. Il abandonna l'exercice pour parler à la bestiole qui ne s'en offusqua pas. Puis, quand la messagère s'envola, il prit soin de noter la direction qu'elle avait prise, on ne sait jamais.

Il vivait dans un monde de surgissements et de fuites. Apparitions. Disparitions. Vertiges. Éblouissements brefs. Rien ne durait et rien n'était sûr. Mais tout était réel. En classe, les instituteurs se plaignaient de sa distraction, de sa paresse, de son désintérêt pour le calcul, les dictées, les cartes, les révolutions, le commerce des colonies. Cependant, au retour des sorties pédagogiques dans la garrigue, il dessinait de mémoire une libellule au corps rouge que son maître n'avait pas vue, sans se tromper sur l'implantation des quatre ailes transparentes ou le nombre des facettes de ses gros yeux.

Dans ses moments d'activité, comme dans ses longues torpeurs, le souvenir du vieux Salem le soutenait. Il avait la conviction que son père n'avait pas quitté le domaine, qu'il était caché dans le mas comme un vagabond qui n'oserait pas se montrer et changerait d'abri chaque nuit. Il croyait avoir des preuves précises de sa présence. C'était tantôt la forme d'un grand corps dessiné dans l'avoine folle, tantôt des traces suspectes près du bassin et le bras de la pompe qui avait bougé pendant la nuit. Ou une branche d'amandier, mystérieusement déposée en travers de la galerie de bois rouge, un jour qu'il n'y avait pas de vent.

Il nota ces apparitions dans un carnet en dessinant des plans à l'échelle et des croquis d'une précision de géomètre. Pour déjouer la curiosité de Dolorès, il mit au point un système de lettres codées qui lançait les espions sur de fausses pistes. La chasse au fantôme devenait peu à peu un jeu, comme un cache-cache avec la douleur.

Un jour il pensa que les paons savaient quelque chose de Salem et pourraient l'aider. Qui sait si leur déplacement tout au long de la journée, leur soudaine et indéchiffrable immobilité sous un mur, leurs trépignements avant la parade, leur transe amoureuse et l'épilepsie qui la suit ne constituent pas de secrètes indications pour les initiés ? Puisqu'il est prouvé que les abeilles désignent en dansant la position d'un acacia en fleur situé à des kilomètres, pourquoi les paons, qui sont les oiseaux du démon, ne lanceraient-ils pas de funèbres messages à la cantonade par le moyen de la couleur et du mouvement ? Les cent cinquante ocelles de leur queue, dont le diamètre décroît en allant vers l'extrémité des longues plumes, ne constituent-ils pas le sémaphore par lequel les prisonniers de l'au-delà communiquent avec les vivants ? Peut-être sont-ils la monnaie que paient les défunts pour obtenir le droit de nous faire signe.

En quelques mois, la passion exacerbée du jeune garçon fit de lui un observateur hors du commun, un expert en irisations et en chatoiements, capable de pressentir les brusques accès de folie des grands oiseaux aux frémissements prémonitoires de leurs aigrettes, mais aussi de prévoir, à l'altération de leur humeur, l'arrivée de la brise de mer, l'approche d'un orage de grêlons et quelques autres phénomènes de cet ordre que le peintre ne voulut jamais me confier.

Néanmoins, si j'ai bien compris, l'au-delà ne lui livra pas le secret qui l'intéressait au premier chef. Du matin au soir, le cortège des onze paons s'embrasait ou s'éteignait pour rien devant lui, selon les lois d'une combustion inconnue. Et Salem ne se montrait pas.

Quand Nino quitta l'école, à quatorze ans, Esprit demanda au garçon (qui le dépassait déjà d'une tête) ce qu'il comptait faire. Comme si sa réponse avait été préparée de longue date, il déclara sans prendre le temps de réfléchir :

– Rester ici.

– Tu veux donc travailler à côté de moi ? Ce n'est pas la tâche qui manque. Bientôt c'est toi qui devras diriger le mas. Je t'apprendrai.

– Cela ne m'intéresse pas.

Pendant que Nino grandissait dans la panique et la fuite devant des ombres, Dolorès qui avait le même âge que lui passait de l'habillement des poupées à la confection de ses robes de jeune fille avec une dextérité qui aurait fait d'elle une grande couturière si les tissus l'avaient permis. Malheureusement, les rayonnes achetées au marché noir, que Carmen lui procurait, étaient des étoffes flasques qui godaillaient et leur coloris terne reflétait la tristesse d'un temps de guerre. Si j'en juge par la seule photographie que le peintre m'ait laissé voir, Dolorès ressemblait à Cynthia, la mélancolie en moins : un grand front, des pommettes hautes, des yeux qui semblaient regarder de loin, une bouche plus forte et certainement plus joyeuse, car tout son visage respire, sur ce cliché du moins, la candeur allègre de ces élégantes chantées par l'amour andalou :

> *El día que tú naciste,*
> *nacieron todas las flores,*
> *y en la pila del bautismo*
> *cantaron los ruiseñores [1].*

Je ne sais s'il y avait des rossignols au Mas des paons à l'époque de Dolorès – aujourd'hui ils disparaissent du Midi sans que personne ne s'en émeuve –, mais je crois que la jeune fille, avec une détermination que j'admire, se décida très tôt à n'avoir d'autre ambition que d'être heureuse. Y parvint-elle ? Le peintre me l'a suggéré et je suis enclin à le croire, même si les choses se gâtèrent finalement et si la tragédie eut quand même le dernier mot, comme on le verra.

---

1. Le jour où tu naquis
naquirent toutes les fleurs
et sur les fonts baptismaux
chantèrent les rossignols.

(Traduction de Guy Lévis-Mano)

Un jour Nino crut voir une ombre au fond de la troisième cour, sous les peupliers argentés. Une silhouette noire en chapeau. Juste une vision. Un battement bref. C'était le quatorze juillet, vers la fin de l'après-midi. Il soufflait depuis le matin un vent du sud qu'on ne sentait pas dans le mas, mais là-bas, contre le ciel blanc, les feuilles bougeaient sans interruption dans un bruissement de rivière. Les paons, qui s'étaient groupés sous un mur, semblaient avoir remarqué eux aussi le passage de l'ombre noire dans le couchant et leurs aigrettes tremblotaient comme une vapeur.

Nino se recroquevilla sur sa chaise et ne bougea plus. C'était sa spécialité, son triomphe. Un champion de l'observation, de l'attente. Dans la nature, les événements sont rarement des faits uniques : ils se répètent, prolifèrent, se ramifient, n'en finissent pas de reprendre. De la patience et le monde se donne à nous.

Et en effet, le battement recommença. Plus proche cette fois. À peine plus long. Comme une

intrusion sous les arbres. Ce n'était pas un chou-
cas. Ni un écureuil. Quoi, alors? Un chiffon suspendu aux branches? Mais non. C'était bien un
visage à demi caché par les feuilles. Le chapeau
un peu de travers. Pas de doute. Salomon se
tenait sous les peupliers argentés, au fond de la
troisième cour. Même qu'il fumait son cigare
noir. Et qu'il souriait. Et que la fumée lui passait
devant les yeux, ses yeux jaunes comme ses
doigts, et qu'elle dansait devant lui, dans la
lumière tiède du soir, mêlée au feuillage bruis-
sant.

Nino sauta sur ses pieds et cria. Ce fut son
erreur. La troupe des paons affolés partit vers les
toits et ne s'apaisa plus de la soirée. Quant à la
vision fugitive, elle s'envola avec la fumée dans
le vent qui ne cessait pas. Jusqu'à la nuit, l'ado-
lescent chercha des traces de l'apparition dans
les herbes. Dolorès tira la cloche du repas quand
ce fut l'heure. Nino s'éloigna des peupliers,
mécontent de lui. Sûr qu'il avait raté une occasion, faute de sang-froid. Il ne faut pas brusquer
les morts quand ils nous font signe. Maintenant
tout était perdu.

Ce soir-là, pendant le repas, qu'on prenait
dans la première cour, sous une ampoule de
quinze watts qui multipliait les ombres autour
des chaises et permettait à peine de voir les plats,
Dolorès déclara qu'elle avait passé l'après-midi à
coudre une robe pour aller à la fête de Solignargues. On était en 1944. Le débarquement en
Provence n'avait pas eu lieu. Le Sud était sil-
lonné de convois allemands. Mais un « comité
des fêtes de Solignargues », constitué pour

l'occasion, avait décidé d'organiser une course de taureaux à la cocarde et un bal musette sur les rives du Vidourle (la place de la mairie étant refusée).

Dolorès savait que son père ne lui permettrait d'aller au bal que si Nino l'accompagnait. Mais ce point n'était pas acquis. Le garçon détestait la foule et ne savait pas danser. De plus, ce soir-là, il avait l'air égaré et ne disait rien. Et quand, au dessert, la jeune fille assise à sa gauche lui demanda sur un ton espiègle s'il acceptait d'être son chevalier servant pour la soirée, il jeta un froid autour de la table en répondant qu'il n'en avait pas l'intention, vu que juillet était pour lui un mois de deuil.

Dolorès ne se tenait pas pour battue. Des fêtes, il y en avait eu peu dans sa vie. Celle-ci était le signal de la fin des années lugubres, elle ne la raterait pas. Il est vrai que les Alliés avaient débarqué en Normandie, que demain toute la France serait libre et qu'il y aurait d'autres fêtes dans les villages, mais demain ce ne serait plus cette nuit tiède de juillet qui s'étire comme une gaze sous le vent venu de la mer et vous donne envie de danser.

Après avoir débarrassé la table avec Carmen, elle monta dans sa chambre et passa la robe en cretonne, un imprimé à petites fleurs qui cloquait joliment autour des seins et qui s'arrêtait à mi-jambe. Par-dessus ses socquettes de coton blanc, bien repliées sur les chevilles, elle chaussa les escarpins à lanières de mauvais cuir qu'Esprit avait échangés contre des pommes de terre de la ferme. Elle se versa dans le cou quelques gouttes d'eau de lavande et se planta un grand peigne dans les cheveux en attendant de demander à son père un hortensia. Puis elle partit plaider sa cause auprès de Nino. Mais il n'était pas dans sa chambre.

Elle alla montrer la robe à sa mère qui achevait de ranger les couverts dans la cuisine. Jusqu'ici je me suis peu occupé de ce personnage. C'est que le peintre ne m'en a rien dit et que je ne saurais forger une histoire à partir de rien. Le proverbe ne dit-il pas :

Jeune ou vieux, le boulanger a toujours besoin de farine !

Je veux bien, cette fois-ci, faire exception et inventer de toutes pièces un bref dialogue pour ne pas rompre la scène. Mais qu'on ne s'étonne pas si Carmen, sa phrase dite, disparaît de nouveau de ce récit.

— J'ai parlé à ton père, dit Carmen en faisant tourner sa fille devant elle, avec toute la fierté que j'imagine chez cette mère, à défaut d'en avoir la preuve.

— Eh bien ?

— Il t'accompagnera si Nino refuse.

— Ce ne sera pas la peine, maman.

Dans la cour, Dolorès rejoignit Esprit qui arrosait les hortensias, sa manière à lui de rêver en prenant le frais. Il coupa une fleur rouge bien pommelée pour les cheveux de sa fille.

— Alors, il se décide, ce grand nigaud ? Bon sang, une belle fille comme toi, la laisser en plan !

Elle partit à la recherche de Nino. Dieu sait

pourquoi, elle était certaine de le faire changer
d'avis. Après avoir erré dans les trois cours sans
le rencontrer, elle pensa qu'il s'était réfugié dans
la grande maison où personne n'allait jamais, à
part lui. De temps à autre, Esprit montrant le
bâtiment déclarait : « Il faut prendre une décision. On ne peut pas laisser les choses se dégra-
der. Je suis sûr que Salomon n'aimerait pas voir
le mas tomber en ruine. »

Mais, dès que le nom de son père était pro-
noncé, le visage de Nino se décomposait, il bais-
sait la tête vers le sol pour ne pas croiser le
regard d'Esprit que sa réponse ferait souffrir, et
il disait d'une voix fêlée par l'émotion :

— C'est mon affaire. Je ne veux pas qu'on
touche à la maison. Si vous le faites, je prendrai
votre rasoir.

— Tu n'as pas encore de barbe. À quoi te servi-
rait-il ?

— Je me l'enfoncerai ici.

— Tu es bien jeune pour dire des choses
comme celles-là. Tu sais bien que je ne ferai rien
sans ton accord. Je m'occupe de la ferme, parce
que ton père l'a voulu. Mais tout t'appartient.

— Cette maison n'est pas à moi mais à papa,
disait l'enfant. Je n'y toucherai pas.

Une seule fois, Nino avait montré l'intérieur
de la vieille bâtisse à Dolorès. C'était quelques
années plus tôt, en plein jour. Au cours d'un jeu,
les gamins avaient décidé que la maison n'était
pas la maison, mais un fort des Tuniques bleues
attaqué par les Indiens. Entre deux volées de
flèches, la fillette avait eu le temps de jeter un
regard dans toutes les pièces, à l'exception de la

chambre de Salem dont Nino cachait la clé. Elle avait gardé de cette visite le souvenir d'un labyrinthe poussiéreux qui sentait l'humidité et les fleurs pourries.

Cette fois, en grimpant l'escalier, Dolorès ne pensait pas aux Iroquois. Un des deux battants de la porte était entrouvert et le long corridor exhalait son odeur ancienne. Elle avança avec précaution, en serrant d'une main sa robe neuve qu'elle craignait de salir. Au fond du couloir, il y avait une clarté grise qui provenait de la chambre de Salem. Elle se dit que Nino avait dû ouvrir les volets pour avoir de la lumière et se demanda ce qu'il faisait seul dans ce lieu triste par une nuit aussi douce.

Ses pensées changèrent de cours parce que des toiles d'araignées s'étaient accrochées à son grand peigne et que ce contact gluant dans les cheveux lui donnait envie de crier. Elle allait devoir défaire sa coiffure et recommencer l'échafaudage, à cause des lubies de ce grand frère qui n'en était pas un, et qu'elle adorait, mais qui se comportait ce soir-là comme un idiot.

Elle avait vu juste. Les volets de la chambre de Salomon étaient repoussés et la haute fenêtre ouvrait directement sur la Voie lactée. Une coulée pâle nimbait Nino assis comme un spectre au bord du grand lit. Sur sa tête, posé de travers, le chapeau du vieux Salem, retrouvé au bord du Vidourle. Une dépouille à demi moisie qui devait puer comme puent les vraies reliques.

Que faisait Nino ? Il regardait droit devant lui, dans le noir de la garrigue. La jeune fille appela de la porte, à deux reprises. « Nino ! Hé ! Nino ! »

Pas de réaction. Au moment où elle avança dans
la pièce, la première fusée du feu d'artifice
retomba au-dessus du fleuve. Il y eut quelques
hourras. Dolorès contourna le lit et se plaça
devant la fenêtre, face au garçon qui pleurait
silencieusement.

D'autres fusées sifflèrent au loin avant
d'exploser l'une après l'autre. Les acclamations
reprirent, plus fortes. Dolorès entoura les
épaules du garçon et lui essuya le visage avec le
bord de sa robe en murmurant des mots que le
peintre n'a pas retenus ou qu'il n'a pas cru bon
de me rapporter. Nino, les joues rouges, eut un
mouvement de recul.

— Tu me fais mal !

Dolorès lâcha le tissu et passa le bout des
doigts sur les joues mouillées, sans peut-être
s'apercevoir que le garçon ne pleurait plus.

— Tu as chaud.

— Un peu.

Elle glissa la main dans le col de la chemise de
Nino pour en desserrer le bouton. Leur tâche
accomplie, les doigts restèrent posés sur le cou,
sans nécessité, quatre ou cinq secondes de trop.
J'imagine que le garçon dont le cœur était à vif se
sentit le débiteur de l'instant que lui accordait la
jeune fille. Comme il avait pour principe d'hono-
rer toute créance, ce qui me donne une bonne
opinion de lui, il se fit un devoir de la rembour-
ser sur-le-champ, capital et intérêt, en s'attardant
six ou sept secondes, pas plus, sur la bretelle de
la robe sous prétexte de l'ajuster. Dolorès, qui ne
manquait pas de bon sens, comprit que la dette
cette fois changeait d'épaules. Le peintre ne m'a

pas raconté dans le détail comment elle s'en acquitta. À moins de mettre une équipe de détectives sur le problème, on ne saura jamais qui, de Nino ou de Dolorès, tenta le premier baiser sur l'oreille, et qui le suivant dans le cou, mais dès que les deux bouches se rencontrèrent, il est probable que les torts, s'il y en eut, furent équitablement partagés. Dolorès se trouva délestée de sa robe sans qu'il y eût ni coupable ni responsable, car depuis longtemps les jeunes gens s'étaient mis à solder leurs comptes mutuellement. La suite se déroula sans plan d'épargne ni projet spéculatif, dans la chaleur et la poussière de juillet, sur le lit dur de Salem, tandis que les ailes des girandoles sifflaient comme des têtes de dragon dans un ciel qu'aucun des deux ne regardait.

— Alors tu as réussi à le convaincre, ce nigaud ?

C'était la voix d'Esprit qui appelait sa fille de la cour à l'instant où Dolorès, vêtue d'un hortensia rouge et d'un peigne, enfonçait ses petits ongles dans le dos de son amoureux. Avec un sang-froid qui démontre qu'elle n'avait pas encore perdu le nord, elle cria à son père pardessus l'épaule de Nino qui se convulsait :

— Il m'accompagne !

— Ne rentrez pas trop tard, les enfants.

Nino ne s'expliquait pas ce qui lui était arrivé si brièvement et si vite. C'était comme si des années de stupéfaction, d'imbécillité et d'attente s'étaient contractées dans une fulguration

unique, renouvelable. Il n'en revenait pas de
découvrir, au plus obscur de soi-même, dans la
zone la moins fréquentable, cette ouverture au
paradis qui empruntait des voies frénétiques. Le
temps d'une chevauchée de centaure, il avait été
homme et animal, fille et garçon. Maintenant
que les contours de son corps s'étaient reformés,
il gardait encore au bord de la bouche, au creux
des mains et des genoux, une odeur de fleur et de
chair qui lui rappelait son extase. Il aurait voulu
la prolonger, la renouveler sans attendre. Mais
Dolorès, plus endolorie qu'étonnée, le repoussa.

– Pas maintenant, Nino.
– Pourquoi ?
– Allons à la fête.

Ils s'habillèrent dans le noir, machinalement,
juste parce qu'il le fallait. Quand ils furent prêts
tous les deux, Dolorès ne put se retenir de sauter
au cou du garçon, et lui de la soulever comme un
moineau et de la coucher sur le lit. Cette fois la
jeune fille usa de son droit de préemption sur
toute félicité à venir.

C'est en retrouvant la cour endormie, le bassin
qui miroitait et la grille silencieuse que Nino
vérifia l'étendue des changements qui s'étaient
produits dans son cœur en moins d'une heure.
Avant tout, il était pressé d'aller à la fête et de
s'amuser, ce qui était une première. Dans son
impatience à rejoindre Dolorès, il négligea de
tirer le portail derrière lui, une omission qui me
laisse penser qu'il avait oublié les paons.

Son arrivée sur la place de la mairie, décorée
de pauvres guirlandes, avec Dolorès à son bras,
fit sensation. Aucun des jeunes gens ne l'avait

revu depuis son départ de l'école, cinq ans plus tôt. Il était alors traité par eux de grande perche, d'asperge, d'échalas. Maintenant, avec le chapeau noir de Salomon, il mesurait près de deux mètres.

Un petit orchestre jouait sur une estrade empruntée à la salle des fêtes. Deux accordéons, une clarinette, un tambour. Comme il ne savait pas danser, Nino resta au bord de la piste pendant que sa compagne accordait des rumbas aux amateurs. Voir les mains des paysans se coller comme des feuilles sur l'épaule de la jeune fille aiguisait sa jalousie. Quand le gros Jalbert, qui était le fils du pharmacien, se mit à tripoter les bretelles de la robe avec un sourire condescendant, il se jeta au milieu des danseurs, prêt à faire le coup de poing.

À quelques semaines de là, Dolorès découvrit qu'elle était enceinte. Elle n'en parla à personne. Pas même à Nino qui voyait s'arrondir la taille de sa compagne sans remonter du fait vers la cause. Au bout de six mois, l'évidence du changement frappa Carmen qui en référa d'abord à Esprit. À la mi-janvier, par une matinée froide et coupante où le mistral à son septième jour faisait tourbillonner la poussière contre les murs et rendait maussades les paons, il y eut devant la maisonnette du métayer une explication à trois, puis à quatre, qui fut incisive elle aussi et dissipa les faux-semblants.

— J'ai pensé à vous deux cette nuit, commença Esprit. Et j'ai été longtemps dans le doute. Mais

ce matin, mon jugement est fait : je crois que la
pire des choses peut dissimuler la plus belle et
que la plus belle peut masquer la pire, selon comment nous les envisageons...

— Explique-toi mieux, dit Carmen, les enfants
ne comprennent pas.

— Vous venez de l'entendre, dit Esprit. Ici,
vous êtes nos enfants. Dans ce cas, votre amour
est un inceste, une abomination.

— Nous ne sommes pas frère et sœur, dit Dolorès. Pas même cousins.

— En effet, il n'y a pas de lien de sang entre
vous. J'ai élevé Nino comme mon fils parce que
Salem a été mon ami. Que penserait-il de votre
aventure ? Voilà comment la question se pose
pour moi.

— Dis-leur ta réponse, Esprit, dit Carmen. Ne
tourne pas autour du pot.

— Salem ne prêtait aucune attention à ce qui
pouvait se dire de lui. Il était au-dessus de la
médisance. Je suis sûr qu'il ne vous désapprouve-
rait pas. Un jour, je l'ai vu arrêter un cheval
emballé d'une seule main. Dans un petit village
comme le nôtre, le scandale est un cheval fou.
Vous êtes jeunes, vous avez quatre mains pour
l'arrêter. Mariez-vous au plus vite.

Jusque-là Nino n'avait pas ouvert la bouche.
On lui demanda son avis. Il détourna la tête en
bredouillant un vague assentiment. Depuis le
matin, il sentait une menace peser sur lui, mais il
ne pouvait dire laquelle. Il pensa aux derniers
instants de son père, à cette promenade en
barque sur le Vidourle qui avait mis fin à tant de
choses. Maintenant il était le seul à s'en rappeler

les détails qui le déchiraient, le seul à pouvoir sauver son père du fleuve sans bords qui défait les souvenirs. Le reste, à ses yeux, y compris ses sentiments pour Dolorès, ne comptait pas.

On publia les bans en février. Ou mars. Peu importe. Esprit et Carmen avaient redouté un scandale, il n'eut pas lieu. Pour la plupart des villageois, voir la fille d'un métayer, belle et pleine comme la lune, épouser un propriétaire de son âge n'était pas un conte de fées, mais une confirmation de l'ordre du monde, une bonne affaire en somme pour les deux parties.

Il y eut des formalités à accomplir, des invitations à prévoir. Pendant plusieurs semaines, au Mas des paons, il ne fut question que des préparatifs de l'événement. Harcelé du matin au soir, Nino comprit la nature de la menace qu'il avait perçue intuitivement. Son amour pour Dolorès tenait de la brise légère dans le feuillage et de l'odeur des hortensias. Dès lors que l'état civil, la religion, le commerce, la curiosité se mêlaient de souffler dessus, il n'en restait rien. Ou des cendres.

La noce eut lieu à Solignargues, un samedi. C'était la première depuis la libération du village, qui précéda de quelques mois celle de la France. Il y avait des drapeaux sur la façade de la mairie et une troupe de garnements jouant les soldats fit une haie d'honneur au jeune couple. Dolorès avait recoupé la robe de mariée de Carmen, en l'élargissant à la taille. Nino, l'air absent, portait un costume bleu de location, qui lui serrait les épaules. Son indifférence au tumulte qui l'entourait fit l'admiration des invités. À la sortie de la messe, un gros bonhomme aux cheveux gris, du nom de François, qui se disait marchand d'oiseaux, complimenta l'heureux époux en le comparant au vieux Salem, « l'homme le plus impressionnant que j'aie rencontré, et Dieu sait si l'on voit du monde dans le métier ! ».

– Voulez-vous dire que je lui ressemble ? demanda Nino que cette allusion à son père avait arraché à l'apathie.

– Vous êtes son portrait craché. Quand je vous regarde, je me crois encore avec lui, sur la route de San Pietro.

Nino aurait voulu retenir l'oiseleur qui semblait en connaître un bout sur le manchot, mais déjà l'homme avait rejoint une camionnette pleine de cages, et cette fois j'ai peur que le gros marchand ne disparaisse pour toujours de mon histoire, car il tomba dans un ravin de la corniche des Cévennes deux jours plus tard et mourut au milieu des serins et des colibris, emportant pêle-mêle dans sa culbute les quelques heures de bonheur qu'il avait partagées avec Salem.

Une ère nouvelle commença. J'en sais peu de chose. Après la naissance des jumeaux – un cri dans l'après-midi, puis un autre un rien plus tard – Nino fit deux séjours dans un établissement psychiatrique de Montpellier. Au cours du second, qui dura une année entière, il se mit à dessiner de mémoire des paons, encouragé par une aide-soignante qui lui procura des couleurs et sauva une partie des œuvres que le patient avait jetées. Aujourd'hui cette octogénaire possède une collection unique de la période la plus rare, la plus recherchée de l'artiste.

Dès ses premières esquisses sur papier, Nino, à ce qu'il m'a dit bien des fois, sut très précisément ce qu'il voulait faire et ce qu'il ferait jusqu'à la fin de ses jours sans se détourner de la tâche : observer les vibrations du monde sensible, telles que l'œil humain est capable de les saisir à la surface des grandes rémiges des paons, et les recomposer dans le tableau par la densité de la pâte et la juxtaposition des pigments bruts.

Ce fut donc un homme déterminé qui revint

s'installer au mas, après sa longue convalescence. Il ne se cachait pas qu'il avait tout à apprendre et qu'il lui faudrait des années pour acquérir la technique de son art. Il prêta peu d'attention à Dolorès, aucune aux enfants, et se préoccupa surtout d'aménager un atelier-appartement dans la troisième cour qu'il se réserva. À présent il parlait avec autorité du grand dessein à quoi toute son existence serait soumise. Je laisse chacun libre d'imaginer les effets de cette révolution sur la vie quotidienne du mas. Personne n'avait le droit de déranger le « maître » quand il travaillait ou qu'il se reposait de son travail. Un homme de ferme d'origine portugaise, qui avait réparé un tracteur pendant que l'artiste observait ses volatiles, pinceaux en main, fut renvoyé le soir même, malgré l'opposition d'Esprit que cette injustice rendit malade.

Dolorès s'installa avec les enfants dans la grande maison, au-dessus de la première cour où Nino ne venait pas. Si, par extraordinaire, l'après-midi, il y faisait une brève apparition, un tunnel de silence l'enveloppait jusqu'à son départ, car son allure farouche et sa façon de couper court aux démonstrations de tendresse intimidaient les bambins qu'il refusa toujours d'embrasser ou de prendre sur ses genoux. Passé son premier désenchantement, la jeune femme redevint la personne qu'elle aurait été si le destin avait trouvé la porte close, un certain soir de juillet. Elle fréquenta le bal du samedi près du Vidourle, laissa les mains des hommes se poser comme des feuilles sur son épaule et leurs bouches bredouiller à son oreille de timides banalités. On la vit apparaître, entourée de gardians et de raseteurs, telle une madone de la bouvine, dans toutes les ferrades de la région où ses amours impétueuses et bâclées, son optimisme virevoltant et sa facilité à rompre au milieu d'une rumba ajoutèrent quelques brèves scintillations à la gloire mystérieuse des villages.

Et les jumeaux pendant ce temps, que faisaient-ils ? Ils grandissaient côte à côte, chacun pour soi, s'efforçant de rejoindre par leurs propres moyens, comme des naufragés un bois flottant, une place infime mais stable dans un univers qui ne les réclamait pas. Ugo, dès qu'il sut ramper et marcher, s'appliqua à n'être qu'une boule silencieuse, aussi discrète dans ses va-et-vient qu'un hérisson et plus intuitive que la belette quand elle chasse. Se voyant cerné par des forces trop grandes pour lui, il se dota d'un système personnel d'écoute et d'amplification des craquements qui lui donna une légère avance sur le malheur dont on sait qu'il s'annonce toujours trop tôt.

À six ans, il fut le premier de sa classe à déchiffrer « la-pi-pe-de-pa-pa » sans se tromper, c'était un début, il reçut un double bon point, mais le plus dur restait à faire. Hélas, pour des raisons de convenances personnelles, le marmot refusa d'aller au-delà de la malheureuse pipe et du gentil papa qui la fumait, et ce fut en vain qu'on lui présenta l'alphabet chaque matin comme un cendrier refroidi. Après six mois de découragement et plusieurs entrevues avec le directeur de l'école de Solignargues, l'institutrice de la classe préparatoire se laissa convaincre que l'enfant était idiot, voué comme tel à la joie et à la tristesse des idiots. On cessa de lui mettre le bonnet d'âne et il fut admis à faire valoir ses droits à l'arriération.

Ce fut une chance pour lui, quelque chose comme le cessez-le-feu en temps de guerre. Délivré de l'obligation de résultats, il apprit à lire dans le journal avec son grand-père et reprit son cheminement personnel à travers les métamorphoses du monde. Il fut selon les saisons et les heures un petit rongeur, une écorce tombée de l'arbre, le gros scarabée sur le dos, une colonne de fourmis, la crème du lait qu'on taquine du bout de l'ongle, la forteresse des collines sous le mistral, le trou dans la paille, la dorure en poudre des papillons. Il avait une multitude d'amis et de compagnons de récré, pour lesquels son handicap était une aubaine et un aboutissement. À la ferme, on le vit rendre des services aux journaliers avec des arrosoirs, des râteaux, du crottin sur une pelle.

Il y avait, au bord du Vidourle, à deux kilomètres du mas, un retrait sablonneux que l'eau recouvrait à chaque printemps au moment des grandes inondations. Un mince rideau de frênes et quelques massifs d'épineux protégeaient l'endroit du regard des promeneurs. Ugo eut l'idée d'y transporter des sacs de cailloux pour dessiner sur le sol une embarcation tournée vers le large. Avec trois planches moisies que son grand-père lui donna, il confectionna un banc et des rames. Dès lors, il passa de longues heures silencieuses, assis dans sa barque de pierre, à naviguer par tous les temps, sans bouger de place, sous la ruée des nuages, à quelques mètres du courant parfois très fort qui emportait les rameaux coupés vers la mer.

À l'inverse de son jumeau, à qui l'esprit de rébellion manqua toujours, Cynthia témoigna héroïquement dès le premier âge que son petit corps était bien le centre du monde alors que ses yeux pleins de larmes découvraient partout le contraire. Elle attrapa toutes les maladies qui pouvaient attirer l'attention sur sa gorge, son ventre, ses joues, ses grands yeux clairs et sa peau fragile de blonde. Certaines années, son organisme constamment sollicité faisait songer à un hôpital de campagne où s'élaboraient sans interruption coqueluche, ophtalmie, varicelle, otite, oreillons, rougeole, aphtes, scarlatine, dermatoses et pleurésies, sans compter les fièvres mineures, les évanouissements et les malaises sans conséquence qui échappaient par définition au diagnostic des médecins. Tous les lundis, au chant du coq, elle se plantait devant le miroir et accueillait les symptômes prometteurs d'éruptions nouvelles avec la même exaltation que Galilée repérant dans sa lorgnette les satellites de Jupiter. Condamnée à l'inaction par ses longues convalescences, elle fit l'apprentissage précoce de son ennui, un ennui sobre, moderne, cotonneux, parfois canaille, mais sans hystérie, qu'elle eut désormais sous la main, prêt à servir. Elle se passionna pour les conquistadores, les pionniers, les fondateurs d'empires, les génies et les inventeurs : Alexandre, Hannibal, Léonard, Rabelais, Schliemann, Champollion. Échapper à l'existence étouffante du mas, ouvrir des fenêtres dans ses murs jaunes, tel fut le projet qu'elle se donna à un âge où ses compagnes plus robustes jouaient à l'élastique sous le préau.

Puis il y eut le scandale de l'agonie de Dolorès, après trois jours d'une maladie foudroyante. Un cri s'éleva de la chambre de Salem, traversa les trois cours et figea dans une épouvante sans nom les paons qui formaient un arc de cercle sous les peupliers. Nino resta de pierre sous les invectives d'Esprit qui avait perdu toute mesure. Carmen tomba à genoux. On conduisit au cimetière de Solignargues par un matin lourd de juillet l'être qui semblait le moins fait pour la vie future. Au retour quelqu'un s'aperçut qu'on avait oublié Ugo sous les cyprès.

Cynthia recouvra la santé du jour au lendemain. Finis la douceur des rechutes, le confort des quarantaines. Maintenant que sa mère n'était plus là pour la dorloter, elle n'avait plus besoin d'être malade et aurait eu honte de s'enrhumer. Elle devint Cynthia la grande. La solitaire. La bonne élève de sa classe. La meilleure de son lycée. Première au Concours général d'histoire, l'année où son regard commença de croiser celui des hommes. Lors de la remise du prix, quelqu'un lui demanda publiquement d'où lui venait le goût des études. De ma seule envie de tuer, dit-elle à mi-voix. Et devant la stupéfaction que provoquait cette réponse, elle s'empressa d'ajouter en souriant : tuer l'ennui, s'il est possible. La boutade fut reçue comme un trait d'esprit, digne d'une lycéenne brillante. On embrassa la lauréate sur les deux joues et on l'applaudit.

UN APPRENTISSAGE INUTILE

*Les morts sont liés aux vivants
par des chaînes qu'on ne voit pas.
Tantôt longue et souple la chaîne
qui traverse les événements et les
jours. Tantôt tendue à rompre et si
courte qu'elle s'inscrit dans la chair.
Quand un mort tire sur la chaîne, le
vivant qui est à l'autre bout perçoit
des étoiles nouvelles, d'autres couleurs, des paysages inconnus.*

Nino Salomon, *Journal*.

J'avais perçu chez Nino depuis longtemps une certaine réticence à évoquer les femmes de son entourage immédiat. Cette pudeur se changea en hostilité lorsque je le pressai de questions à propos de Cynthia, un sujet qui m'intéressait tout de même plus que l'élevage des paons. Et un jour, le peintre me fit comprendre à demi-mot qu'il souhaitait espacer nos entretiens, non qu'il fût fâché avec moi, il ne l'était pas, me dit-il, mais nos conversations trop fréquentes, qui le ramenaient toujours au passé, finissaient par prendre le pas sur son œuvre. Il désirait revenir au présent et à la peinture. Je fis celui qu'un tel argument ne blessait pas et je pris congé. À cette époque, Ugo me donnait peu de nouvelles de Cynthia qui vivait à l'étranger avec son mari dont elle était fort éprise, m'assurait-il, et le scandale des tablettes trafiquées n'avait pas encore terni la réputation du professeur.

Je ne sais pourquoi, deux semaines plus tard, après un bref échange de points de vue avec un psychiatre en uniforme, on me déclara inapte au service militaire. Je passai l'année suivante dans ma famille et ne parlai à personne du Mas des paons. Qui aurait pu comprendre d'ailleurs, dans mon entourage, ma futile curiosité pour des fous, des morts, des oiseaux et des vagabonds? Certainement pas mon père qui avait ressenti comme un camouflet mon renvoi des casernes de la République.

Je n'étais pas dans l'obligation de gagner ma vie, mais je me fis un devoir de prouver aux incrédules que j'étais un être normal, et même anodin, capable de remplir aussi bien qu'un autre tous les emplois qui se présenteraient. En cinq ans, j'en eus plus de dix. J'en établirai la liste quelque jour, si nécessaire. Pour l'instant, il suffit de savoir que j'ai été pendant vingt-cinq mois le chauffeur, l'assistant, le domestique et peut-être l'ami (j'en suis moins sûr) de Doc Lugano, un des magiciens les plus inventifs de ce siècle. On se souvient que j'avais rencontré l'artiste au *Rouge-gorge*, au cours d'un hiver mouvementé. Je le revis à Nîmes, pour un festival de magie. De nouveau je payai sa note de bar et il me proposa de l'accompagner en tournée. Cette fois, je ne dis pas non.

Je n'ai pas l'intention ici, cela va de soi, de divulguer les trucs d'une profession qui commerce avec l'invisible. Je rappellerai seulement que la connaissance d'un tour n'en épuise pas le mystère. Je sais comment Doc Lugano s'y prend pour disparaître dans l'écharpe. J'ai admiré ce numéro plus de cent fois. J'ai accueilli personnellement sur la scène une foule de m'as-tu-vu des deux sexes et de tous les âges qui se faisaient fort de désemmailloter la momie. Je les invitais à dérouler l'écharpe jusqu'à son terme et je riais de leur surprise devant le vide. Mais il m'a toujours été impossible de voir resurgir du fond de la salle, cigare aux lèvres, Doc Lugano, sans avoir la gorge nouée. Pour moi, ce fut toujours comme si le vieux Salomon revenait d'entre les morts.

Les deux années que je passais près du magicien furent un apprentissage fastidieux, humiliant et certainement inutile, mais je ne le regrette pas. Souvent, dans un théâtre de province, aux rideaux couleur de vin vieux et au dur plancher délabré, nous donnions pour une recette minable deux spectacles l'après-midi et encore un autre le soir, devant un public ébahi ou vociférant, puis, quand nous avions rangé le matériel, épuisés comme deux bourdons enfin délivrés d'une gaze, nous allions dormir dans un banal hôtel du centre historique, plein de voyageurs de commerce. D'autres fois, comme sur la Riviera italienne où les vacanciers venaient en famille applaudir l'ancienne magie, nous recevions l'accueil réservé aux ambassadeurs des royaumes de l'Atlantide, dont on suppose qu'ils rapportent dans les soutes de leurs navires le ruissellement de splendeurs encore jamais désignées. Il est vrai que, durant quelques précieuses minutes d'un temps que personne ne mesurait, une sorte de farfadet en jaquette bleue, haut-de-forme et baguette d'argent, preste et souple comme un émir, avait fait surgir d'un coffre miraculeux, avec des anneaux truqués, des foulards de soie, des colombes, un monde apparemment soustrait aux lois physiques et voué à la succession des miracles. Il avait changé l'eau en vin et le vin en chauve-souris, m'avait coupé par le milieu du corps avec une scie circulaire, était passé à travers un cercle d'épées ou de flammes, et, pour finir en apothéose, s'était envolé par-dessus les têtes bouclées des premiers rangs.

Je ne peux évoquer nos soirées de Portofino, ou de Rapallo, sans me souvenir du moment où le magicien, après avoir salué plusieurs fois, reprenait dans les coulisses son corps de vieil homme recru de fatigue et soumis à l'ordre du monde. Les premiers mois de notre collaboration, c'est avec une véritable terreur que je regardais s'opérer devant moi, dans la loge envahie d'accessoires et de quelques roses tranquilles, la sorcellerie inverse du temps. Illusion de nos illusions ! Je m'aperçois en dictant ces notes rapides que cet homme que je considérais comme un vieillard était plus jeune que je ne le suis aujourd'hui.

Presque toujours, après les séances d'autographes dans les coulisses et une longue station au bar, Lugano me prenait le bras pour aller jusqu'à la voiture et il me disait en s'écroulant sur la banquette :

– J'ai le sentiment que c'était bien, ce soir, Malinoff... Est-ce votre avis ?

– Oh ! monsieur ! comment pouvez-vous en douter ? Vous avez eu quatre rappels.

– Vous vous trompez, Sacha. J'en ai eu cinq. Mais peu importe. Si vous n'avez pas sommeil, allons vers la côte. J'ai besoin d'entendre la mer.

– Vous ne préféreriez pas la voir, monsieur Lugano ?

– Non, l'entendre me suffira.

À ces mots, je claquais la portière et nous partions sur la route du littoral à la recherche de quelque crique un peu à l'abri où la disposition des rochers ferait caisse de résonance. Souvent je perdais une heure à déterminer l'endroit idéal et nous y restions cinq minutes. Néanmoins, ces instants privés de durée ont laissé en moi plus de traces que bien des journées laborieuses. Je me rappelle qu'une nuit, sur une des plages désertes de la Riviera, l'illusionniste me raconta l'origine de sa vocation qui remontait à l'enfance. Son père tenait un commerce de graines dans un village du Piémont. Comme les clients étaient rares l'après-midi, il se désennuyait en exécutant des tours de passe-passe sur le comptoir avec des ficelles coupées et raccommodées ou des fruits secs qui disparaissaient d'un plateau pour réapparaître sous un autre. L'ouverture d'un grand magasin de denrées dans la vallée ruina le marchand. Il fallut quitter l'échoppe qui était aussi la maison, oublier son odeur de paille et de sacs, admettre qu'on était pauvre d'une autre façon qu'autrefois. Lugano regrettait les tours d'adresse sur le comptoir et le sentiment de victoire qu'ils lui donnaient.

Un soir, le père mena l'enfant hors du village et il lui montra les étoiles dont les habitants, s'il y en a, nous sont cachés. Et qui sait quels jardins elles recèlent. Puis il lui parla avec gravité d'un voyage qu'il allait faire, un voyage si long, disait-il, qu'il réclamerait des années.

– Mais tu nous écriras ? demanda l'enfant.

– Non.

– Tu téléphoneras alors ?

– Non plus.

– Comment je saurai que tu n'es pas mort ?

– Tu as vu comment j'escamote une noix et comment elle resurgit ?

– Oui.

– Eh bien, pour moi, ce sera pareil. Je reviendrai.

Après cet avertissement, l'enfant, à demi rassuré, alla dormir. À son réveil, il apprit que son père s'était pendu. Il refusa d'embrasser le corps dans la bière et commença de scruter le ciel les jours de grand vent. On le vit s'exercer à cacher des billes au creux de sa main. Puis il empalma des objets plus volumineux comme des balles de mousse ou des œufs durs. À quatorze ans, garçon de cirque, il assista à un grand numéro d'illusion où deux femmes tronçonnées au fond d'une caisse ressortaient vivantes d'une autre. Il suggéra de remplacer les couvercles par deux vitres et mit au point un dispositif qui permettait aux malles d'être soulevées dans les airs et de léviter. Ce fut le point de départ de sa carrière.

Je me souviens aussi qu'un autre soir, du côté de Gênes, Lugano me livra les pensées que j'ai inscrites au commencement de ce livre, sans les reprendre à mon compte. *Peut-être se trouve-t-il dans l'univers, sur une planète ignorée mais visible à certaines heures, un miroir qui reflète le paradis où nous serons à la fin des temps, etc.* Ces conjectures étaient-elles pour lui un peu plus qu'une rêverie ? S'était-il fait une religion de son premier deuil ? Je croirai plutôt qu'il avait besoin d'une conviction pour que son art, à ses propres yeux, devienne autre chose qu'une fredaine. En ce sens – je m'en aperçois aujourd'hui – il était un lointain cousin du Maître des paons.

Cette même nuit, où l'on écouta peu la mer mais où l'on se parla jusqu'au matin, il me décrivit le numéro qu'il projetait de créer avec moi à Las Vegas. « Je ferai apporter sur scène une cage avec quatre tigres à l'intérieur. On pourra les voir et les entendre de toute la salle. Puis vous, Sacha, vous prendrez au hasard dix ou douze personnes dans le public, vous les placerez autour de la cage en leur demandant de se donner la main pour faire une ronde. Je ferai descendre un grand tissu rouge sur la cage et les douze spectateurs de manière à former une tente où je pénétrerai. On entendra alors le rugissement des tigres et moi qui leur jette des ordres. Soudain je pousserai un cri, le tissu tombera et les tigres auront disparu. À leur place, sur un tabouret, il y aura la présentatrice du show en maillot de bain. Moi je fumerai un cigare au fond de la salle. Qu'en pensez-vous ?

– Je suis sûr que cela plaira aux Américains.

Il était écrit pourtant que je n'accompagnerais pas Lugano à Las Vegas, capitale de la magie, et que je ne ferais pas carrière dans le métier. La faute en revint à un article du *Corriere della Sera* où s'étalait, sur trois colonnes, le scandale qui éclaboussait, à Rome, Pontécordo. C'était vers la fin de notre tournée italienne, alors que Lugano triomphait au théâtre de Pescia. Le journaliste, sur la foi des informations de la police, rapportait que l'archéologue avait dirigé une équipe de faussaires qui lui fournissaient les documents dont il avait besoin pour étayer ses thèses novatrices sur l'origine de l'écriture. Au-dessous de l'article, la photographie d'un barbu qui se cachait le visage dans les mains me sembla un début de preuve. Aujourd'hui, je m'empresse de le dire, la justice a établi la fausseté de ces accusations, et la mémoire du professeur a été réhabilitée. Mais, sur le coup, j'en fais mon mea-culpa ici même, je ne fus pas porté à l'indulgence et préférai ne pas douter d'une vilenie qui dessinait si parfaitement la figure d'une crapule.

Malgré tout, ce ne fut pas la chute de l'érudit qui m'enthousiasma dans l'histoire, et moins encore la bataille d'experts qui s'annonçait, mais l'explication que le journaliste donnait de toute l'affaire. Selon lui, cette escroquerie suicidaire témoignait de l'état dépressif du professeur au lendemain de son divorce. J'en tirai la conclusion quelque peu hardie que Cynthia était de nouveau libre et qu'elle ne serait pas mécontente d'avoir auprès d'elle un confident dont la discrétion lui était connue.

Voilà comment j'abandonnai un magicien qui rêvait de faire de moi son disciple – je ne l'ai revu depuis qu'une fois, lors de son triomphe à Paris – pour revenir à Solignargues, en 1971. J'y arrivai par un après-midi de la mi-avril, sous un ciel clair comme une cloche bien astiquée. Je sonnai à la grille à trois reprises. J'appelai en vain Ugo. Pour ne pas repartir bredouille, je décidai de faire le tour du domaine en suivant le petit sentier qui longeait au nord la maison de maître. Vue de l'extérieur, avec ses rares fenêtres mal alignées dont les volets étaient fermés pour la plupart, la demeure gardait quelque chose de hautain et de désolé comme un reste d'empire à l'agonie, une caravelle de pierre secouée par un siècle de négligence. Çà et là, de larges plaques de crépi s'étaient effritées et dissoutes dans les averses. Sur les parties encore intactes, mouchetées par la fiente des paons, les vieilles gouttières d'étain avaient laissé des traînées de mousse noirâtre.

La bâtisse, je crois l'avoir dit, se prolongeait par plusieurs remises très vastes où le fermier espagnol qui avait succédé à Esprit rangeait le matériel d'exploitation. Au-delà commençait le muret de la deuxième cour, longue d'une centaine de pas et ouverte sur les champs par un portail à deux battants qui permettait aux tracteurs d'aller et venir sans utiliser l'entrée principale. Plus loin, un autre mur de pierres mortes, plus bas que le précédent de moitié, correspondait à la troisième cour où j'avais passé tant de soirées avec le peintre. Ce petit mur était flanqué, à l'extérieur, d'une rangée de peupliers blancs d'Italie dont les branches se rejoignaient sans boucher tout à fait la vue.

Pour être sincère avec le lecteur (bien que cette sincérité ne lui soit pas due), je ne saurais dire exactement si ce fut le démon de la curiosité, père d'une très nombreuse famille, ou le désir de renouer avec les escalades de mon enfance, qui me donna l'idée de grimper dans les peupliers pour avoir une vue plongeante sur l'atelier. De l'autre côté de la cour, au centre de la gale-

rie à demi ruinée, portée par les colonnes de bois
rouge qui semblaient plus que jamais menacées
d'effondrement, j'aperçus le peintre, emmitouflé
dans un manteau de drap bleu noir, le visage
englouti dans son chapeau à moustiquaire, et
apparemment sidéré par un spectacle que je ne
pouvais pas voir de mon poste. Je changeai
d'arbre et ce fut moi qui subis l'envoûtement.

À l'endroit même où un soleil encore pâle et
vaporeux isolait une bande de lumière, les paons
s'étaient rassemblés peureusement. Je croyais
connaître ces oiseaux que j'avais vus de loin bien
des fois tandis qu'ils passaient d'une cour à
l'autre, et il m'était arrivé de les associer dans
mes rêves à la présence de Cynthia, mais j'ignorais à peu près tout de leur folie, de leur effroi,
de leur mélancolique et rutilante dignité qui en
fait les émissaires naturels des contrées de la nostalgie. Il est impossible de dépeindre à qui ne l'a
pas éprouvé le sentiment de désolation que sus-
citent la lenteur de leurs mouvements et l'inex-
plicable contraste de leur splendeur et de notre
accablement. La tristesse qui naît des marais, des
brumes, des landes, des douves, des oubliettes est
trop immédiate et trop franche pour ne pas susci-
ter une réaction de nos forces spirituelles. Ainsi
nous donne-t-elle les moyens de la supporter.
Mais la tristesse du soleil, le désespoir
qu'engendre la lumière privent l'âme d'alterna-
tive. Un monde où la perfection se présente sans
dérobade est le plus subtil des enfers.

Caché dans les peupliers, j'assistai pour la première fois au spectacle de la parade. Tous les animaux colorés de la Création semblaient prendre

part à la frénésie des paons mâles, que je voyais tressaillir, trépigner, vibrer, secouer leurs têtes chagrines. D'un coup le portique de leurs plumages s'éleva au-dessus du sol, l'arche de l'arc-en-ciel que la nature a inclus une fois pour toutes dans leur duvet s'ouvrit devant moi. Ce fut un jaillissement de bleu de cobalt, d'or fondu, d'émeraudes liquéfiées, un geyser triomphal de rosaces entrelacées. Les femelles tétanisées par la joute assistaient avec une impassibilité minérale au redéploiement de cette genèse plumeuse, toute clignotante de signaux qu'elles seules pouvaient capter. Soudain, au comble du saisissement, elles s'accroupirent ensemble et reçurent l'assaut de leurs champions, secoués par l'épilepsie. Il y eut un arrêt brusque des convulsions, une syncope des couleurs. Un spasme figea la bataille. La fine branche sur laquelle mon épaule prenait appui se brisa net, je dégringolai la tête la première dans le feuillage et mon front alla donner contre l'arête du mur. Ce fut comme si une ouverture s'était produite sous l'embarcation de Noé, laissant pénétrer à flot les eaux noires du déluge.

Je repris connaissance dans la chambre de Salomon où Ugo et le métayer m'avaient transporté. Le médecin arriva. Il s'assit sur une chaise à côté du lit, me posa quelques questions et me prit le pouls. C'était un vieil homme à cheveux blancs, qui avait des paupières congestionnées et respirait fort. J'appris plus tard qu'il venait de perdre sa femme. Il m'ausculta avec un stétho-

scope en buis, me palpa le crâne et les vertèbres
du bout des doigts, puis me prit le bras et me fit
marcher dans la pièce. Cynthia, que je n'avais
pas revue depuis la fac, apparut en tailleur rouge
et lunettes noires au moment où je titubais sur le
carrelage inégal comme un jeune polichinelle.

Voilà comment s'effectua mon retour au Mas
des paons. J'y demeurai trois mois, jour pour
jour. J'aurais pu aussi bien retourner à l'hôtel dès
le lendemain de ma chute qui n'avait pas eu de
séquelles, mais Cynthia avait su me retenir et
j'avais accepté de bon cœur d'être son hôte – ou
son prisonnier.

Aucune époque de ma vie ne fut plus ardente,
plus douloureuse et soumise à tant de caprices.
Ce fut tout à la fois le printemps et le terme de
mon amour. Dès le premier matin, à mon réveil,
je découvris que la chambre de Cynthia jouxtait
la mienne et qu'il me suffirait, pour attirer le tailleur rouge, d'imiter des étouffements et de ren-
verser un fauteuil. Par la suite, ce subterfuge fut
inutile et je vis revenir à ses heures la bien-
aimée, avec ses cheveux jaunes dénoués sur les
épaules comme la lumière d'avril.

En général, dans la matinée, elle me trouvait
assis à une petite table, devant la fenêtre, prépa-
rant des tours de cartes pour me donner une
occupation et ne pas avoir l'air de l'attendre.
Plus tard, une cafetière électrique que j'avais
demandée à Ugo nous évita de recourir à des
prétextes trop alambiqués. Ô délire des souvenirs. Certains jours, alors que j'avais entrouvert
ma porte pour laisser se répandre l'arôme dans le
couloir, Cynthia se présentait avec des brassées

d'iris mauves qu'elle avait coupés elle-même et quand le bouquet était déployé dans un vase près de la porte, elle m'abandonnait ses mains qui sentaient les fleurs et que je couvrais de baisers. J'étais si troublé par ses apparitions inopinées souvent liées à des changements de toilette qu'il m'arriva de me lancer dans des compliments embrouillés qui passèrent pour des critiques. Ce n'est que plus tard, au commencement de l'été, c'est-à-dire au plus fort de mes illusions, que je compris la nature de mon imbécillité. De même que mon amour était le reflet de l'amour qui s'était perdu en Cynthia, de même mes balbutiements étaient l'écho d'une langue que j'avais parlée autrefois, puis perdue, puis réentendue de loin en loin, et qui maintenant, toute honte bue, remontait du fond de la nuit à travers ma gorge serrée.

Curieusement, moi qui ne suis guère porté à la vantardise, j'étais persuadé que la jeune femme, tôt ou tard, finirait par céder devant ma persévérance discrète. De cette erreur de jugement découla l'étrangeté (pour les observateurs) d'une conduite dont je n'ai aucun motif d'être fier. Tout à l'obsession des progrès que je croyais faire dans son esprit, je mis longtemps à découvrir que Cynthia était plus déraisonnable que moi, plus perdue et plus en danger. Alors que j'ai le don de détecter chez le prochain les divagations, les failles, les dadas, et que ma facilité à prendre langue avec les demeurés et les délirants de tout poil reste un mystère pour la science, je fus longtemps aveugle à une folie qui était si proche de la mienne.

Je crois que Cynthia avait l'habitude depuis l'enfance – je le dis parce que j'ai connu moi aussi cette tentation – de remplacer le monde flou, le monde insaisissable et cauteleux, par un autre mieux découpé, sorti de la rêverie et soustrait à la vérification. Pour cela, elle retenait un seul aspect de chaque être, de chaque rencontre, et, par un travail personnel d'amplification et de prolifération de la minuscule facette, elle obtenait en quelques jours un diamant qui n'avait jamais existé. Moi, par exemple, parce que je n'étais ni mince ni beau, je fus le confident obèse parfait, l'éternel ami laideron, cependant que Pontécordo, retaillé par la même imagination, perdit son ambiguïté et ses ombres (qui étaient son charme selon moi), pour devenir un pur génie. Et que faire d'un pur génie sinon l'admirer, l'épouser, le flatter et découvrir qu'il n'est pas aussi pur ni aussi génial qu'on l'avait cru ?

Lorsque le monde flou, le monde fluide et trompeur qu'elle avait voulu écarter reprenait de lui-même ses droits et la décevait, Cynthia sombrait dans une tristesse qui durait des heures ou des jours suivant les cas. Alors rien ne trouvait grâce à ses yeux, tout était faux, tout était inepte ou menteur, et dans son abattement passager elle m'accablait de reproches qui n'étaient pas dignes d'elle. Pour être tout à fait juste envers sa mémoire, je dois dire qu'elle s'excusait de sa conduite à mon égard dès qu'elle avait retrouvé, sinon la joie qui était un événement rare chez elle, du moins son habituelle et paisible mélancolie.

J'avais constaté dès mon retour l'importance

des changements qui s'étaient produits dans le mas au cours des six ans écoulés. Le déclin du grand domaine s'était accéléré sous l'effet d'une crise sans précédent, due à la mévente de vins de médiocre qualité. D'après ce que j'appris du bayle lui-même, un Valencien infatigable et dévoué, les revenus de la ferme baissaient chaque année et les perspectives à moyen terme n'étaient pas bonnes. Pour faire face à des échéances de crédit, le peintre avait consenti à mettre en vente dix grandes toiles qu'il destinait à une découverte posthume. L'exposition de ces œuvres à Marseille, puis à Turin, le fit connaître immédiatement, non du grand public, mais des revues spécialisées et des riches collectionneurs. En un mois les dix tableaux furent vendus, et l'artiste, promu au rang de « révélation de l'année » par un magazine allemand, dut faire face à la pression d'un marché qu'il avait toujours ignoré. Il est vrai que la rumeur (fausse mais tenace) s'était répandue que le critique milliardaire Douglas Cooper, qui avait soutenu en son temps Nicolas de Staël et vivait dans le Midi, avait commandé une fresque pour son château à celui qu'un journal italien appelait déjà « *il Maestro dei pavoni* », le Maître des paons.

Le peintre avait trop d'orgueil – ou trop peu de soin des aléas de son existence – pour se faire une vanité du remue-ménage qui entourait son nom à présent. Il n'en tira aucune joie parce qu'il avait chassé depuis longtemps de son esprit la pensée du plaisir qui nous vient du regard des autres, et qu'il s'était forgé dans la solitude, un masque de dureté qui faisait obstacle à l'intrusion des sentiments heureux. Néanmoins, si sa notoriété naissante le laissait de marbre ou lui faisait hausser les épaules, elle le confirmait dans la voie quasi monacale qu'il s'était choisie ou que sa folie lui imposait.

À cet égard, notre premier entretien après des années de négligence réciproque m'avait éclairé. Sachant que j'étais l'invité de sa fille, et non le sien, il n'avait fait aucune allusion à notre amitié ancienne, interrompue par sa volonté. Avec la froideur d'un majordome prêt à noter toute anomalie dans le service afin d'y mettre bon ordre, il m'avait seulement demandé si je ne manquais de rien dans ma « chambrette » (une pièce de quarante-cinq mètres carrés) et si j'étais traité convenablement par Cynthia. Ce n'est que le surlendemain, au cours d'une autre conversation, moins formelle celle-là, que la politesse glaciale avec laquelle j'avais été accueilli m'apparut pour ce qu'elle était : la tentative désespérée d'un homme isolé sur une banquise qui se morcelle et part à la dérive dans l'océan, de renouer avec le monde des signaux, des engouements, du partage des émotions et des battements de cœur.

Il n'avait jamais passé pour un homme sympathique ni agréable, et j'étais bien placé pour savoir qu'il ne l'était pas. Si je supportais assez bien ses accès d'irritation qui ne duraient pas, il m'était difficile de lui pardonner l'indifférence parfois brutale qu'il montrait pour ses enfants en toute occasion. Elle n'était pas l'expression d'un grief particulier. C'était pire que cela. Il n'avait pas besoin d'Ugo ni de Cynthia, il n'avait besoin de personne. Dans le cercle rétréci où il se tenait, il lui suffisait de voir des paons et de capter leurs irisations sur une toile comme aucun peintre encore ne l'avait fait pour obtenir l'assentiment du monde entier, représenté par l'élite des connaisseurs. Ainsi se refermait sur lui, par le biais de sa réussite, le dernier anneau d'une chaîne qu'il ne pouvait plus secouer.

Assez souvent, vers la fin de l'après-midi, quand il ne travaillait plus, il me faisait savoir par Ugo que « des boissons fraîches m'attendaient dans l'atelier », une manière élégante de m'intimer l'ordre de le rejoindre. Pour ne pas avoir l'air d'obéir à une convocation, je mettais un point d'honneur à ne pas me précipiter et je différais ma venue sous des prétextes divers comme un vieux routier du music-hall qui retarde son entrée jusqu'à ce que la salle surchauffée hurle et le réclame.

À dire vrai, du jour où il m'avait prié de ne plus revenir au mas, notre amitié s'était brisée définitivement, et nous le savions tous les deux. Sept ans plus tôt, quand je n'hésitais pas à faire vingt-cinq kilomètres, de nuit, pour apprendre comment Salomon avait acquis les premiers paons ou de quelle façon il était mort, rien n'aurait pu étancher ma curiosité à l'égard d'un mystère qui semblait me rejeter. Maintenant que j'en faisais partie, moi aussi, à titre de comparse assurément, je n'avais pas plus envie d'en découvrir l'origine que le somnambule d'être mis au courant de son malaise.

Nous prenions le repas du soir tous ensemble, sous le passage abrité entre les deux cours, selon un rituel qui n'avait pas changé avec les années.

La seule nouveauté était que Cynthia y partici-
pait. Assise à l'extrémité de la table, elle mangeait peu, buvait peu, allumait une cigarette
entre les plats et ne s'adressait jamais à son père.
Si celui-ci, bravant l'interdit tacite qui rendait si
pesante l'atmosphère de nos soupers, lui posait
une question directement, elle répondait avec
dédain en me regardant dans les yeux. Je devins
ainsi, malgré moi, le truchement obligé de leur
relation, l'interprète de leur silence et de leurs
colères croisées, et parfois leur souffre-douleur.
    Ugo, lui, n'avait pas changé avec le temps. Il se
postait toujours près de son père, à l'écoute de
ses désirs et de ses refus, à croire qu'il n'avait
rien de mieux à faire dans la soirée que de tendre
l'oreille et de devancer les vœux de son tyran.
Comme il se tenait en face de moi, la tête pen-
chée, je voyais tressauter continuellement son
visage d'enfant grandi, qui semblait n'avoir
aucune défense. Je pensais que les tics qui l'agi-
taient correspondaient à la sismographie des
imperceptibles fêlures que nos sens plus grossiers
que les siens n'enregistraient pas et qu'il avait le
don de percevoir et d'amplifier. Ses capacités
acoustiques continuaient de me surprendre tout
autant que ses intuitions. Néanmoins ce privilège, si c'en était un, m'exaspérait par l'attitude
de soumission qu'il impliquait à l'égard d'une
personne qui en faisait si peu de cas.
    Souvent, dès le dessert, le peintre repartait
vers son atelier sans dire un mot. Ugo, non moins
discret que les pipistrelles qui effectuaient leur
première sortie hors des granges à cette heure-là,
lui emboîtait le pas docilement et disparaissait

dans la nuit. Les Espagnols et les trois ouvriers
qui avaient pris leur repas avec nous débarras-
saient la table rapidement. Puis les célibataires
regagnaient leur logis dans la deuxième cour tandis qu'une lampe ajoutait un œil jaune à l'étage
de la maisonnette du métayer. Le premier soir,
me retrouvant seul avec Cynthia, je lui avais
demandé la permission de me retirer, mais elle
avait posé la main sur mon bras, m'interdisant
toute velléité de désertion ; et, les jours suivants,
je ne réitérais ma demande que pour sentir
encore une fois la main sur moi. On dira que ce
sont là de minces détails qui ne méritent pas
d'être rapportés dans un livre, mais, en dépit de
l'usage ignoble qu'un aboyeur a fait de ce
vocable, je ne rejette pas le mot détail, je pré-
tends avoir souffert pour des détails et avoir
aimé des détails, et je suis enclin à penser que si
quelque chose aujourd'hui peut me sauver, ce ne
sera pas la beauté d'un plan d'ensemble, je n'en
vois guère dans ma vie, mais le miracle d'un
détail qui aura résisté à tous les plans et se
déploiera à nouveau dans ma mémoire avec la
justesse d'une humble résurrection.

Un après-midi, dans la chambre de Salomon,
nous étions assis, Cynthia et moi, sous la lumière
jaune qui fuyait le long des murs vers l'intérieur,
sous cette lumière de juin qui n'a pas fini de brû-
ler dans mon souvenir, nous étions assis de nouveau, pour la première fois après ces années de
silence, essayant de nouer le fil d'une conversation interrompue qui (autrefois) ne s'était pas
limitée à l'échange de quelques phrases, mais
avait impliqué des projets, des demi-aveux, des

allusions et les plus indécises nuances de notre humeur. Tout à coup, sur une remarque aigre-douce que j'avais faite spontanément et qui était le rappel narquois de ma constance, elle se leva sans dire un mot et fila dans le corridor. Je pensai que j'étais allé trop loin, que j'avais risqué sur une plaisanterie le bénéfice des semaines précédentes et je me représentai en un éclair tout ce que ma maladresse me ferait perdre. Mais elle revint un quart d'heure plus tard, ni fâchée ni embarrassée, et elle eut à cœur de me prouver, par de petites attentions, qu'elle tenait aussi à moi, à sa manière.

Cependant juillet arriva. Avec lui, la grande chaleur qui commence au lever du jour et ne s'apaise que vers le milieu de la nuit. Ce n'était pas l'année de la sécheresse du siècle, mais nous sentions autour du mas l'inertie torride de l'air comme un bâillement immobile. Dans la matinée, Cynthia, en chapeau de paille et sandales bleues, passait avec un arrosoir qu'elle remplissait au bassin et qu'elle égouttait au-dessus des hortensias et des camélias avec un geste large et rond qui me faisait songer à la véronique du torero. À midi, autour d'un guéridon de fer forgé qui datait du temps de Salem, nous prenions en tête à tête un repas de crudités sur la partie à l'ombre de la terrasse, et c'était le moment heureux des épanchements réciproques. Cynthia n'avait plus personne à qui se confier en dehors de moi. Son père ne l'avait jamais écoutée. Quant à Ugo, si attentif et si zélé, elle ne croyait pas qu'il fût capable de l'aider. Je me plais à penser aujourd'hui – détestable consolation – qu'il y avait entre nous une connivence intellectuelle d'abord, et sentimentale aussi bien, qui ne manquait pas de charme pour elle ni de douceur car elle excluait tout risque d'affrontement ou de vexation de ma part. Néanmoins ses confidences successives, que je sollicitais le plus souvent, avaient pour moi l'amertume de l'aloès. À quoi me servait-il d'apprendre qu'elle avait quitté deux fois Pontécordo – un homme chaleureux et attentionné, selon ses dires – et que deux fois elle lui était revenue ? Qu'avais-je gagné à savoir pourquoi elle n'avait plus supporté à la fin le professeur ?

La nuit, tandis que je reposais sans dormir sur le matelas de crin de mon vieux lit, après avoir abandonné l'agenda dans lequel je ne notais plus rien depuis longtemps, je repensais à ces pénétrantes conversations de l'après-midi, je les ressassais à mi-voix pendant des heures, comme un acteur qui répète seul un duo. Souvent, un mot qu'elle avait jeté en passant, ou un geste qu'elle avait fait me donnait du grain à moudre jusqu'au matin. Ainsi, le jour où, pour retirer le gravier de son espadrille, elle s'était accrochée à mon épaule, pas appuyée, non, accrochée de tous ses longs doigts dans ma chair qui se souvenait de l'emplacement de chaque ongle ; ou le lapsus plus exceptionnel encore qu'elle avait commis à trois reprises, l'après-midi où elle m'avait appelé Georges au lieu de Sacha. Ce jour-là, si je n'avais pas été trahi par la pâleur soudaine de mon visage habituellement rubicond, peut-être aurait-elle continué de me donner le prénom de son mari, et qui sait alors à quoi ce baptême furtif nous aurait conduits ?

Telles étaient mes folles pensées de la nuit, papillons aveugles et opiniâtres qui se brûlaient à l'abat-jour, inlassablement, et mouraient au petit matin, derrière un rideau. Quelquefois, au milieu de mes insomnies, j'entendais à travers le mur le déclic du commutateur d'une lampe que Cynthia avait allumée. Je pensais qu'elle devait avoir elle aussi ses papillons et je cherchais en vain le moyen de les faire voler avec les miens...

Puis il y eut cette soirée que je dois dire maintenant puisque je me suis promis d'aller jusqu'au bout de mon histoire, coûte que coûte. C'était le quatorze juillet, une date facile à retenir. Pendant le repas, le peintre se montra particulièrement taciturne, presque odieux. De toute évidence, l'anniversaire de la Fête nationale ne lui évoquait rien d'agréable. Je servis de médiateur comme d'habitude, mais avec un air de découragement que Cynthia eut assez de finesse pour remarquer. Après le repas, elle me demanda de l'accompagner au village et me donna un quart d'heure pour me changer.

Ce fut une belle soirée assurément. Elle eut pour moi la saveur d'une friandise qu'on n'attend plus et qui se révèle amère dès qu'on y goûte. Fut-ce de ma faute si tout alla de travers ? Ai-je manqué de tact ? ou de patience ? Ou bien tout était-il déjà écrit par la volonté de Cynthia, tellement plus forte que la mienne, et me suis-je contenté, en pressant les choses, de fournir généreusement à l'ennemi l'occasion de ma défaite ? Par-delà la discorde de nos sens incapables de fusionner, n'avions-nous pas atteint, tous les deux, un fragile point d'équilibre dans le caprice ?

Le quart d'heure était passé, on se retrouva dans la cour, presque en même temps. J'avais mis un costume blanc, comme quelquefois en été, bien que cette couleur ne m'aille pas. Cynthia portait une robe d'organdi noire à fines bretelles. Au moment de quitter le mas, je coupai un hortensia rouge pour ses cheveux, témoignant de ma connaissance de la légende. Elle m'en remercia par un baiser qui n'engageait que moi et l'on partit sans rencontrer Ugo qui surveillait les paons avec son père.

À l'entrée de Solignargues, il y avait des guirlandes de lampions rouges tout le long de la belle allée de platanes malheureusement mutilés comme partout dans le Midi. Sur la grand-place, on avait poussé contre un mur les barricades métalliques qui avaient servi l'après-midi pour l'abrivado de taureaux. Un podium était installé avec des micros et des haut-parleurs. Cynthia s'assit à la terrasse d'un des cafés, entre deux gardians. Le feu d'artifice commença pendant que j'allais chercher des boissons.

Je peux l'avouer aujourd'hui, puisqu'il y a prescription : après la sangria, je mélangeai divers alcools au gré des rencontres. Bien avant minuit, au milieu des jeunes gens qui nous entouraient, je ne fus plus en état de saisir la distinction entre le possible et le vrai. J'invitai Cynthia à danser un slow avec moi et en profitai pour évoquer sur son épaule, avec une foule de détails qui ne faisaient rire que moi, la profondeur de notre amitié déjà ancienne. C'est alors qu'elle observa innocemment que nous avions été autrefois un peu plus que des amis ordinaires, vu que nous étions tombés d'accord tout de suite sur presque tout. La remarque ouvrait un abîme devant mes pieds.

— Vous avez raison, dis-je très vite. Cependant, ajoutai-je en riant jaune, vous n'avez pas voulu de moi.

— Parce que cela ne s'est pas fait ! Mais je crois que j'ai été amoureuse de vous à cette époque.

— Vous le croyez !

— J'en suis sûre.

— Mais quand ?

— Le premier jour. Quand vous m'avez ramenée chez moi. Vous étiez si drôle, si empoté. Délicat aussi. Et tellement au-dessus du lot. Si vous me l'aviez proposé, je serais venue chez vous.

En entendant ces mots qui me condamnaient au remords d'un paradis perdu par ma faute, je sentis une grande montagne de glace s'écrouler dans la moelle de mes vertèbres, et la mortelle évidence enfin m'apparut : j'avais laissé passer l'heure où Cynthia aurait pu éprouver pour moi autre chose que des sentiments d'amitié.

— Vous ne dansez plus ?

— J'ai des vertiges.

— Vous buvez trop, Sacha. Allons marcher.

On partit vers le Vidourle. Cynthia me tenait par le bras comme on aide un aveugle à traverser. La musique polaire du « jamais plus » tintait de plus en plus fort dans ma tête comme elle y tinte encore aujourd'hui, sans rencontrer d'opposition. On arriva au fleuve. L'eau était basse, noire, fermée. Elle clapotait sous les arbres avec des éclats de toupie, elle puait le chien crevé et le sous-bois. Je ne comprenais pas où nous allions. Cynthia avait détaché la barque de Martinez, elle la tirait vers la berge.

— Aidez-moi, s'il vous plaît.

— Que voulez-vous faire ?

— Aller aux falaises de Sainte-Crau.

— Pourquoi avec moi ? Suis-je bien celui qu'il vous faut pour une promenade romantique ?

— Ne dites pas de bêtises et dépêchez-vous.

— Répondez-moi d'abord.

Elle se redressa, retenant la barque avec le pied et me dévisagea posément. Sa chevelure paraissait cendrée sous la lune. L'hortensia froissé pendait sur son épaule droite. Son regard clair me remplissait de confusion.

— Que voulez-vous savoir exactement ?

— Si nous ferons un jour l'amour ?

Elle ne s'attendait pas à une question aussi directe de ma part. Je les avais toujours évitées. Elle me tourna le dos et entra dans la barque sans se donner la peine d'une réponse.

Sous son poids, le vieux canot s'était enfoncé dans la terre, et ses efforts pour le dégager avec la godille ne servaient à rien. Elle avait besoin de mon aide.

— Faites quelque chose. Vous voyez bien que je n'y arrive pas !

Je saisis l'avant du bateau et le fis glisser vers le fleuve. J'étais mouillé jusqu'aux genoux. Il était temps pour moi de choisir. Au lieu de sauter dans la barque, je m'entendis crier stupidement :

– Je viens à une condition.

Elle me jeta un regard froid et mécontent,
d'où s'était absenté l'humour qui atténuait
d'habitude nos cruautés. Puis elle me lança trois
phrases comme trois poignards de plus en plus
fins.

– Depuis quand me posez-vous des conditions? Comment pouvez-vous être aussi
aveugle? Vous n'avez donc pas de miroir?

La vie prend toujours des chemins de traverse
pour nous surprendre. C'est pourquoi, malgré
tout, nous ne la maudissons pas. La curiosité
nous préserve comme une madone à laquelle on
n'est pas obligé de croire. Le bateau était devant
moi, je pouvais encore y monter. Mais le charme
s'était rompu. Ce n'est pas la méchanceté du ton
de Cynthia qui m'accablait, elle pouvait encore
s'en excuser. La mettre sur le compte de la
fatigue. C'était moi qui me reprochais d'avoir
trop parlé. En posant la question qu'il ne fallait
pas, j'avais mis fin à l'innocence de mon amour.
J'avais brisé le graal.

– Qu'est-ce que vous faites, Malinoff?

Je ne crus pas nécessaire de répondre. Ou
peut-être n'eus-je pas la force d'ouvrir la bouche.
Avec les mains et les genoux, je poussai la
barque devant moi aussi loin qu'il me fut possible. Elle se dégagea de la boucle d'eau dor-
mante qui la piégeait contre le bord, elle entra de
biais dans le courant, ce grand sillon gris qui semblait tracé par la lune, et elle pointa son museau
noir vers les grandes falaises crayeuses contre
lesquelles tôt ou tard elle irait buter. Alors seulement Cynthia comprit que je ne la rejoindrais

pas, que j'avais fini de l'aider, qu'elle ne me reverrait plus jamais, que j'étais mort comme elle était morte à mes yeux.

J'allai dans ma chambre rassembler mes quelques affaires et j'attendis l'aube à la fenêtre. À un moment, il y eut du bruit dans la pièce d'à côté. J'en conclus que Cynthia avait réussi à revenir seule du fleuve. Je pris mon sac et le transportai dans l'auto. Pendant que j'étais penché sur la malle de la voiture, Ugo, qui semblait averti de mon départ, me rejoignit silencieusement. Je le regardai de côté en plissant les yeux car il tournait le dos au soleil et je n'arrivais pas à mettre la main sur mes lunettes noires.

– Mon père vous regrettera, murmura-t-il.

– Et toi?

– Moi aussi. Mais lui, il est seul.

– Toi, non?

– Non.

Je finis par dénicher mes lunettes dans la boîte à gants, derrière le gros livre de Pontécordo sur Gilgamesh. Le paysage prit une coloration de sépia irréelle et par conséquent reposante. Je pensais à l'aveu qu'Ugo venait de me faire. Parce qu'il était à l'écoute des bruits du monde, il ne se sentait pas seul. Et ne l'était pas.

– Tenez. Mon père vous le donne.

Il me tendit un carton à dessin, fermé par trois rubans noirs. Je les dénouai de mes gros doigts et sortis un pastel signé du Maître : *La Parade du dernier jour*. Ce chef-d'œuvre m'a suivi dans tous mes voyages. Aujourd'hui il est accroché dans

ma chambre et je ne le distingue plus du papier
peint.

Je n'avais jamais douté des capacités de l'idiot.
J'en eus une nouvelle preuve à l'instant de mon
départ. Quand je fus assis au volant, la vitre bais-
sée, le moteur tournant au ralenti, il me fit signe
de ne pas partir, s'accroupit avec une vivacité
d'animal, essuya de ses mains le cambouis de la
roue avant et les passa brusquement sur mon
visage. En découvrant dans le rétroviseur ma
trogne noire, je compris que cette mascarade
était mon congé. Ugo me ramenait à mon apparition du premier soir, il disait adieu à son démon.

ÉPILOGUE

And I pushed away the whole obscure comedy.
(Et je rejetai loin de moi toute l'obscure comédie.)

Henry James. *Maud-Evelyn.*

Les jours s'étaient éloignés lentement. Les années passèrent vite. Paradoxe de l'inaction. Ma vie n'avait rien eu d'un fleuve impétueux, aux berges changeantes, offrant des échappées sur des paysages nouveaux, elle avait été une eau morte, peu navigante, que l'absence d'événements ne troublait pas. Encore que, certaines nuits, comme on lève un poisson assez névrosé pour se laisser prendre à un leurre, j'accrochai des souvenirs à des insomnies (ou inversement).

Parmi d'autres renoncements, j'avais négligé d'être heureux ou je m'en étais dispensé, il serait trop long de dire pourquoi. Je m'étais surtout appliqué à vivre seul ou avec des chats. Il m'arriva un temps d'en avoir sept, d'âges différents. Mais c'est trop de complications. Pour qui ne supporte pas son image dans le miroir, l'animal peut être une consolation, mais il devient vite un gêneur. À deux reprises, une liaison de courte durée avec une femme plus jeune m'avait prouvé que je n'étais pas fait pour les sentiments partagés. Ce que chacun perçoit du monde ne peut pas être transmis. Le reste, à quoi bon ?

Un camarade de lycée, flûtiste amateur, que j'ai retrouvé par hasard, apprenant que je vivais en solitaire, n'en a pas été étonné. Je te reconnais, m'a-t-il dit. Jamais tu n'as voulu faire partie de notre chorale. Tu aimais te tenir à l'écart. Tu voulais choisir ta musique et ne rien devoir à l'orchestre. Au fond, tu nous dédaignais, nous, les gens de la partition. Tu as toujours été un rêveur orgueilleux et méprisant. Et passablement borné.

Tout n'est pas faux dans ce verdict, bien qu'il soit malveillant et superficiel. Mais j'ai découvert chez un vieil auteur chinois ou japonais, je ne sais plus, un poème bref qui résume mieux mon expérience que les jugements indignés. Je cite les vers de mémoire :

> *Pourquoi regrettes-tu*
> *le jour d'hier ?*
> *L'hirondelle jamais*
> *ne reprend son vol*
> *au point où il s'est effacé.*

Il me reste à rapporter le plus simple, le plus douloureux : la mort de Cynthia et la destruction du Mas des paons. Voilà qui est fait. Les détails, pour une fois, ont peu d'importance. Je crois savoir qu'après mon départ Cynthia ne se sentit pas délivrée. Passée l'exaltation de m'avoir vaincu, comme elle avait vaincu Pontécordo, elle fut rattrapée, en quelques bonds, par le vieil animal solitaire et désespéré, dont l'ennui l'avait protégée jusque-là. Désormais il n'y avait plus personne autour d'elle sur qui faire retomber la colère qu'elle gardait depuis l'enfance contre son père sans se l'avouer.

Une nuit elle se leva, traversa pieds nus les trois cours, renvoya Ugo qui avait quitté son lit en entendant dans son sommeil le pas de sa sœur, mit le feu à des fagots et les jeta dans l'enclos des paons. Selon ce qu'elle déclara aux enquêteurs, elle voulait seulement se débarrasser des animaux. Et elle réussit. Ils rôtirent comme des poules.

Voilà pour les faits. J'en ai pris connaissance par les journaux comme tout le monde. L'essentiel est ailleurs. Les dieux (ou les démons), j'en suis convaincu, n'accordent jamais rien sans contrepartie. Quand ils s'avisent de faire un don au premier venu (à un journalier manchot par exemple), ce qu'ils exigent en échange de leur soutien est démesuré. Une vie ne peut suffire à éteindre la dette. À la mort de leur protégé, les créanciers ne renoncent pas à leurs droits. Il faut que d'autres âmes dans le temps prennent le relais et remboursent le prêt ancien jusqu'à la dernière souffrance. S'il m'est permis d'avancer cette conjecture, sans être traité de dément (une désignation qui ne ferait que remplacer une obscurité par une autre), je crois que Nino (par tempérament) et Cynthia (rubis sur l'ongle) payèrent la créance de Salomon.

L'an dernier, je m'étais fait conduire au cimetière de Solignargues, le 2 novembre. Comme j'approchais du tombeau où Cynthia et son père gisent côte à côte, réconciliés par le néant, une personne qui se tenait entre les cyprès me dit bonjour. Je levai les yeux vers les arbres. Dans la lumière grise, brillante de pluie, qui m'éblouissait, j'entrevis la silhouette d'un homme en deuil.

— C'est vous Ugo ? demandai-je.

— Il faut que j'aie beaucoup vieilli, si vous ne me reconnaissez pas, Malinoff.

— Ne le prenez pas mal, dis-je pour m'excuser. À cette distance, il ne m'est pas possible de vous voir.

— Autrefois, vous me disiez « tu », dit-il, avec une intonation de regret.

— Et toi, tu m'as toujours vouvoyé, je n'ai jamais compris pourquoi, puisque nous avons le même âge.

Il s'approcha de moi rapidement et, avec cette simplicité de cœur qu'il avait toujours eue, se jeta dans mes bras. Je lâchai ma canne et passai les doigts sur sa tête et sur son visage comme s'il avait pu être l'enfant que la vie ne m'a pas donné. Je découvris qu'il était devenu chauve et portait un petit appareil sous l'oreille.

— Ta voix a changé, Ugo. Tu ne chuchotes donc plus ?

— Oh non, dit-il avec fierté. Je vais chez l'orthophoniste tous les jeudis.

— Mais tu continues d'entendre... tous ces frôlements, tous ces bruits... que tu étais seul à remarquer...

— Non ! c'est fini. J'ai souffert beaucoup trop longtemps. Maintenant je suis comme vous.

On resta plusieurs minutes silencieux devant la petite grille, dans l'odeur douce de la pluie sur le gravier et des chrysanthèmes en fleur. Je ne les voyais pas, mais les sentir me suffisait. Je regrettais pourtant que ce ne fût pas la saison des hortensias rouges.

– Voulez-vous que je vous lise l'inscription que j'ai fait graver pour mon père?

– Très volontiers.

– Vous me direz ce que vous en pensez.

– Naturellement.

– *Nino Salomon, fils de Salem, 1927-1995. Peintre de paons.*

– C'est très bien. Tu aurais même pu dire : Maître des paons.

Il se baissa pour ramasser ma canne et me la glissa sous le bras.

– Pour Cynthia, je voudrais faire inscrire quelques mots plus personnels. Vous n'auriez pas une idée, Sacha?

– J'en ai une. Mais ici, j'ai peur qu'elle ne paraisse déplacée.

– Dites toujours.

– Je pense à un poème babylonien qui a joué un certain rôle dans sa vie : *De la jeune fille qui verse le vin, doux est le breuvage. Comme son breuvage, douce est sa vulve. Comme ses lèvres, douce est sa vulve.*

– J'ai entendu Pontécordo murmurer ce refrain à ma sœur, dit Ugo avec émotion. C'était le lendemain de leur mariage. Il avait l'air de penser que la comparaison était exacte. Néanmoins, je me contenterai de faire graver les deux premiers vers.

Il me prit le bras et me ramena à l'entrée du cimetière, sans plus parler. J'étais heureux de voir qu'il avait survécu à tant de deuils, mais j'avais hâte de le quitter. J'ai l'habitude, quand je suis seul, de revenir aux images les plus anciennes des personnes que j'ai aimées. Je sais bien qu'il ne faudrait pas, qu'on doit épouser son temps, comme on dit, même si la mariée est versatile.

Ugo me lâcha le bras après un rapide au revoir, et je l'écoutai s'éloigner. Quand il comprit que j'allais attendre l'autobus sous la pluie fine, il revint vers moi et insista pour me reconduire à Montpellier dans sa voiture. À la sortie de Solignargues, il mit la radio.

— Cela ne vous dérange pas ?

— Nullement.

On roula sur la route que j'avais suivie tant de fois, avec la musique assez fort pour couvrir le bruit des essuie-glaces. Personnellement je n'ai rien contre le bruit des essuie-glaces. Au moment des publicités, ce fut moi qui relançai la conversation.

— La mort de Cynthia, ce n'était pas un accident ?

— Je n'en sais rien.

La musique reprit jusqu'à Montpellier. Je dus forcer la voix pour me faire entendre.

— Le mas n'existe plus, à ce qu'on m'a dit ?

— Non.

— Il a brûlé entièrement ?

— Pensez-vous ! C'était tellement grand. Les flammes n'ont pas touché le bâti. Et les pompiers ont été là tout de suite.

– Alors, je ne comprends pas.

– Oh! Rien de plus simple. La seule chose qui comptait pour mon père, c'était d'avoir sauvé ses tableaux. L'incendie a été pour lui un avertissement. Je crois qu'il n'avait pas envie d'avoir d'autres paons, il les avait assez étudiés. Il a vendu la ferme à des promoteurs qui l'ont rasée pour construire le Grand Bouquaud.

– Un lotissement?

– Oui. Quatre-vingts villas résidentielles. J'en possède sept. Heureusement, parce que je n'ai rien d'autre pour vivre.

– Et tu joues toujours aux dames?

– Non, ma compagne ne veut pas.

Pauvre Ugo. Après Cynthia, je crois que c'est lui que j'aimais le plus. Il était le témoin d'un monde qui n'existait que par lui. Je lui souhaite d'être heureux dans sa nouvelle vie mais je demande à ne plus être son passager.

J'ai dicté ce livre jour après jour pendant des mois pour me délivrer du silence et de quelques obsessions. Je n'ai raconté qu'une mince partie de mon histoire. Pour le reste, je compte sur la générosité de l'oubli. Aujourd'hui que mon récit touche à sa fin, je ne peux pas dire que je souffre. Ce serait par trop insensé. N'ai-je pas eu exactement ce que je mérite? Et au-delà. Pourquoi n'y aurait-il pas des châtiments pour les velléitaires et les rêveurs comme pour les criminels? Chaque geste qu'on n'a pas fait, chaque mot qui nous est resté dans la gorge ouvre une chambre de justice. Sans doute, comme ces pages l'ont prouvé, ne suis-je pas un homme intelligent, capable de se fixer un objectif et de s'y tenir. Avec le recul des années, je me vois comme un animal plutôt stupide, attaché à des sensations qui n'ont plus cours, à des songes qui se sont évaporés et à une espérance que tout dément. À qui la faute si j'ai laissé passer non seulement l'heure d'apprendre mais le bonheur des récréations et des jeux, et si, par mauvaise honte et délicatesse naïve, je n'ai pas agrippé au chignon, quand il était temps, la fortune à la chevelure dorée ? J'ai le sentiment aujourd'hui que l'ambition m'a toujours été aussi étrangère que le mouvement de la sève dans les grands arbres.

Certes, j'admire (sans les envier) les personnes qui bâtissent sur un sol stable et s'élèvent peu à peu dans la hiérarchie comme le pompier sur l'échelle. Je suppose qu'au terme de leurs efforts, quand elles arriveront au portail de la grande nuit, elles auront la satisfaction de montrer à leurs héritiers toutes les possessions accumulées, les caisses remplies et le long chemin parcouru. Pour ma part, je veux mourir désespéré de n'avoir pas su retenir comme un trésor ce que le temps écarte à mesure dans sa cruauté insensée, ce qu'il dissipe et démolit, ce à quoi il n'accorde aucune existence. J'aurai jeté mes forces dans une bataille qui n'avait de prix que pour moi, et dont l'enjeu consistait à sauver un chuchotement, la palpitation d'un feuillage, le chapeau d'un bon à rien et quelques étincelles colorées sur le faîte d'un toit de tuiles.

Quelquefois je repense au Maître des paons. Voulut-il vraiment son destin ? Ou le croisa-t-il par hasard et s'y accrocha-t-il jusqu'au bout parce qu'il n'y avait rien d'autre à faire que de vouloir ce qu'on ne peut pas supporter. Fut-il ou non un homme heureux ? Là n'a jamais été la question. Dans le meilleur des cas, le bonheur est une catastrophe pour l'artiste. N'empêche. J'aimerais trouver comme lui un détail dans l'univers, un miroitement nul et somptueux que je répéterais à l'envi, pour moi tout seul, jusqu'à la fin des temps.

ÉGALEMENT CHEZ POCKET
LITTÉRATURE « GÉNÉRALE »

Achevé d'imprimer en octobre 1998
sur les presses de l'Imprimerie Bussière
à Saint-Amand (Cher)

POCKET - 12, avenue d'Italie - 75627 Paris Cedex 13
Tél. : 01-44-16-05-00

— N° d'imp. 2258. —
Dépôt légal : novembre 1998.
Imprimé en France